瑞达法考客观题系列

商经知精粹

2023

国家统一法律职业资格考试

瑞达"背多分"，荟萃各部门法干货

考前提分必背

6

刘安琪/编著

中国民主法制出版社

图书在版编目（CIP）数据

2023 国家统一法律职业资格考试．商经知精粹．6／刘安琪编著
．—北京：中国民主法制出版社，2023.6
（瑞达法考客观题系列）
ISBN 978-7-5162-3182-1

Ⅰ．①2… Ⅱ．①刘… Ⅲ．①商法－中国－资格考试－自学参考资料
②经济法－中国－资格考试－自学参考资料③知识产权法－中国－资格考试－自学参考资料
Ⅳ．①D920.4

中国国家版本馆 CIP 数据核字（2023）第 062138 号

图书出品人：刘海涛
责 任 编 辑：陈 曦 张雅淇 李 郎 魏敬仁

书 名／2023 国家统一法律职业资格考试·商经知精粹 6
作 者／刘安琪 编著

出版·发行／中国民主法制出版社
地址／北京市丰台区右安门外玉林里 7 号（100069）
电话／（010）63055259（总编室） 63058068 63057714（营销中心）
传真／（010）63055259
http：//www. npcpub. com
E-mail：mzfz@npcpub. com
经销／新华书店
开本／16 开 787 毫米×1092 毫米
印张／11.5 **字数**／333 千字
版本／2023 年 6 月第 1 版 2023 年 6 月第 1 次印刷
印刷／三河市鑫鑫科达彩色印刷包装有限公司

书号／ISBN 978-7-5162-3182-1
定价／35.00 元

法考 免费课程听课流程

电脑听课流程

① 通过浏览器输入瑞达法考的网址进行搜索，进入瑞达法考官网首页。

https://www.ruidaedu.com

② 进入首页后向下滑动找到“热门课程”点击课程即可观看。

（提示：这里展现的是近期最新部分课程，观看更多请点击右边“更多精彩课程”进行观看）

③ 进入首页后，点击导航条上的“免费课堂”再点击课程即可观看。

（提示：您也可以根据专业/讲师/阶段/年份来找到对应课程进行观看）

首页 免费课堂 配套教材 瑞达讲师 面授班次 加盟分校 瑞达e学 最新资讯

APP手机听课流程（提示：图书封底扫二维码下载“瑞达法考APP”）

进入“瑞达法考APP”首页—公开课—点击课程—加入学习—去学习—就可以听课啦！

（提示：没有注册的瑞宝请先进入“瑞达法考APP”我的—注册/登录—登录账号）

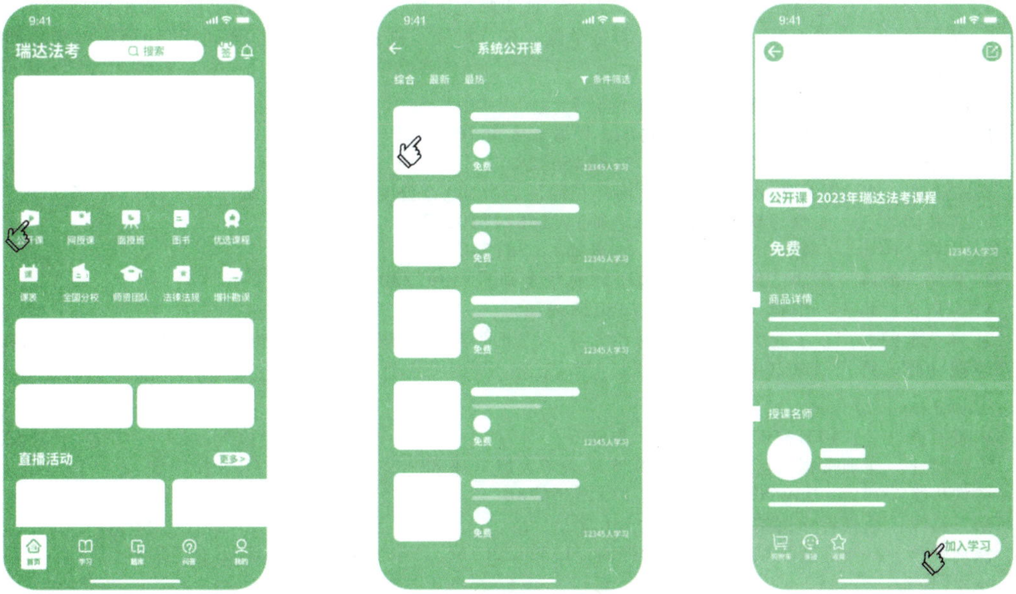

瑞达法考直属分校联系方式

北方分校

办公地址：北京市海淀区西三环北路72号世纪经贸大厦B座27层2700

上课地址：天津市武清区新源道18号奥蓝际德商务酒店（园区免费停车）

1. 客服值班电话：400－1660－360转1转1再转1

王老师：17343174185（同微信）　杨老师：17812032760（同微信）

2. 北京市面授及网课咨询：

闫老师：15910626131（同微信）　卜老师：15901252307（同微信）

王老师：17810798753（同微信）

3. 天津市面授及网课咨询：王老师：17810798753（同微信）

4. 河北省面授及网课咨询：卜老师：15901252307（同微信）

5. 辽宁省面授及网课咨询：陈小龙老师：17810632673（同微信）

6. 吉林省面授及网课咨询：陈鸿丰老师：17810712815（同微信）

7. 黑龙江面授及网课咨询：陈鸿丰老师：17810712815（同微信）

8. 内蒙古面授及网课咨询：陈鸿丰老师：17810712815（同微信）

9. 河南省面授及网课咨询：陈小龙老师：17810632673（同微信）

10. 山西省、陕西省咨询：卜老师：15901252307（同微信）

11. 甘肃省、新疆区域咨询：闫老师：15910626131（同微信）

12. 青海省、宁夏区域咨询：杨老师：17812032760（同微信）

南京分校

客服值班电话：4001660360转1转1再转5

江苏、安徽、山东报名咨询：沙老师13812318935；办公地址：南京市鼓楼区新楼花马路66号南邮大厦1714室

上海分校

客服值班电话：4001660360转1转1再转2

1.（市区报名）上海市静安区汉中路158号汉中广场902室；地铁1号线、12号线、13号线汉中路站下。电话：021－52902865、021－52902869、18516307172（微信同号）陈老师、13738188215（微信同号）

2.（大学城报名）上海市松江区三新北路1800弄8号楼3002室（松江大学城六期）

上海海事大学、江西省报名咨询：13052397071（微信同号）余老师

3. 上海政法学院、上海商学院、华东理工、上师大、厦门报名咨询：13052393272（微信同号）陈老师

4. 上大、贤达、金融、衫达、海关、漳州、泉州咨询：13395718787（微信同号）李老师

杭州分校

客服值班电话：4001660360转1转1转4

1. 杭州分校报名咨询：0571－87756276、13738188215（微信同号）；地址：杭州市西湖区文二路195号（靠近教工路）耀江文欣大厦1503室

2. 浙大宁波理工、温州、嘉兴地区：梅老师13738188215（微信同号）

3. 下沙地区、杭州商学院、现科、浙大城院：梅老师13738188215（微信同号）

4. 万里学院、宁波科技学院、浙江工业大学、杭州师范大学：梅老师13738188215（微信同号）

5. 绍兴地区、金华地区、农林大学、警官学院、东方财经、科艺学院：谢老师15168367817（微信同号）

广州分校

客服值班电话：4001660360转1转1再转3

广州地址：广州市天河区广州大道北613号城光大厦700A－B

咨询热线：020－62875806　手机：17688466828

乘车路线：地铁天号线平架A出口（南洋长胜酒店方向）；公交：兴华路口站

1. 广技师、五邑大学、新华学院（林老师）：16624710323

2. 广外、广大、广警、北理、北师（李老师）：18124065249

3. 广海、岭师、广油、华农、中山电子（林华老师）：13922309460

4. 广应科、培正、华师（柳老师）：13602889765

5. 韶关学院、广东工业大学、广东财经大学、广州商学院、嘉应学院、惠州学院、肇庆学院、东莞理工学院城市学院（张老师）：18620087770

深圳分校

客服值班电话：4001660360转1转1再转6

深圳地址：深圳市福田区深南中路2016号兴华大厦B座829

咨询热线：0755－23964781，手机：13316856786

乘车路线：地铁科学馆站B口出前行150米

深圳大学、海南三亚学院、海南大学咨询：13311520165（王老师）

目录

分值统计和分布

商法										
—	公司法	合伙企业法	外商投资法	个人独资企业法	证券法	破产法	保险法	票据法	信托法	合计
2018 年	40	4	0	1	2	4	3	2	—	56
2019 年	33	6	0	0	0	9	6	4	—	58
2020 年	43	3	0	0	0	4	5	1	—	56
2021 年	43	2	0	0	1	3	3	4	—	56
2022 年	34	4	0	0	2	5	4	3	1	53

经济法、劳动与社会保障法和环境资源法				
—	经济法	劳动与社会保障法	环境资源法	合计
2018 年	19	3	4	26
2019 年	20	4	3	27
2020 年	18	5	3	26
2021 年	20	5	2	27
2022 年	19	4	4	27

年份	知识产权法（著作权法 + 专利法 + 商标法）
2018 年	8
2019 年	8
2020 年	9
2021 年	10
2022 年	11

商 法

商法的体系

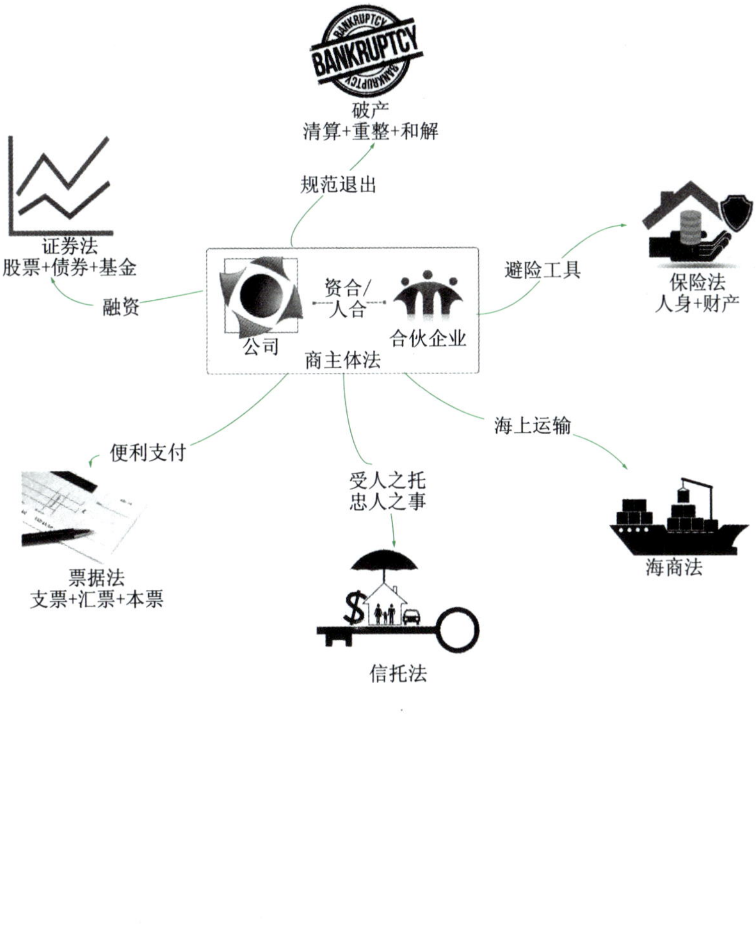

破产
清算+重整+和解
规范退出
证券法
股票+债券+基金
融资
公司
资合/人合
合伙企业
商主体法
避险工具
保险法
人身+财产
便利支付
票据法
支票+汇票+本票
受人之托
忠人之事
信托法
海上运输
海商法

第一章　公司法

【公司法的体系1】

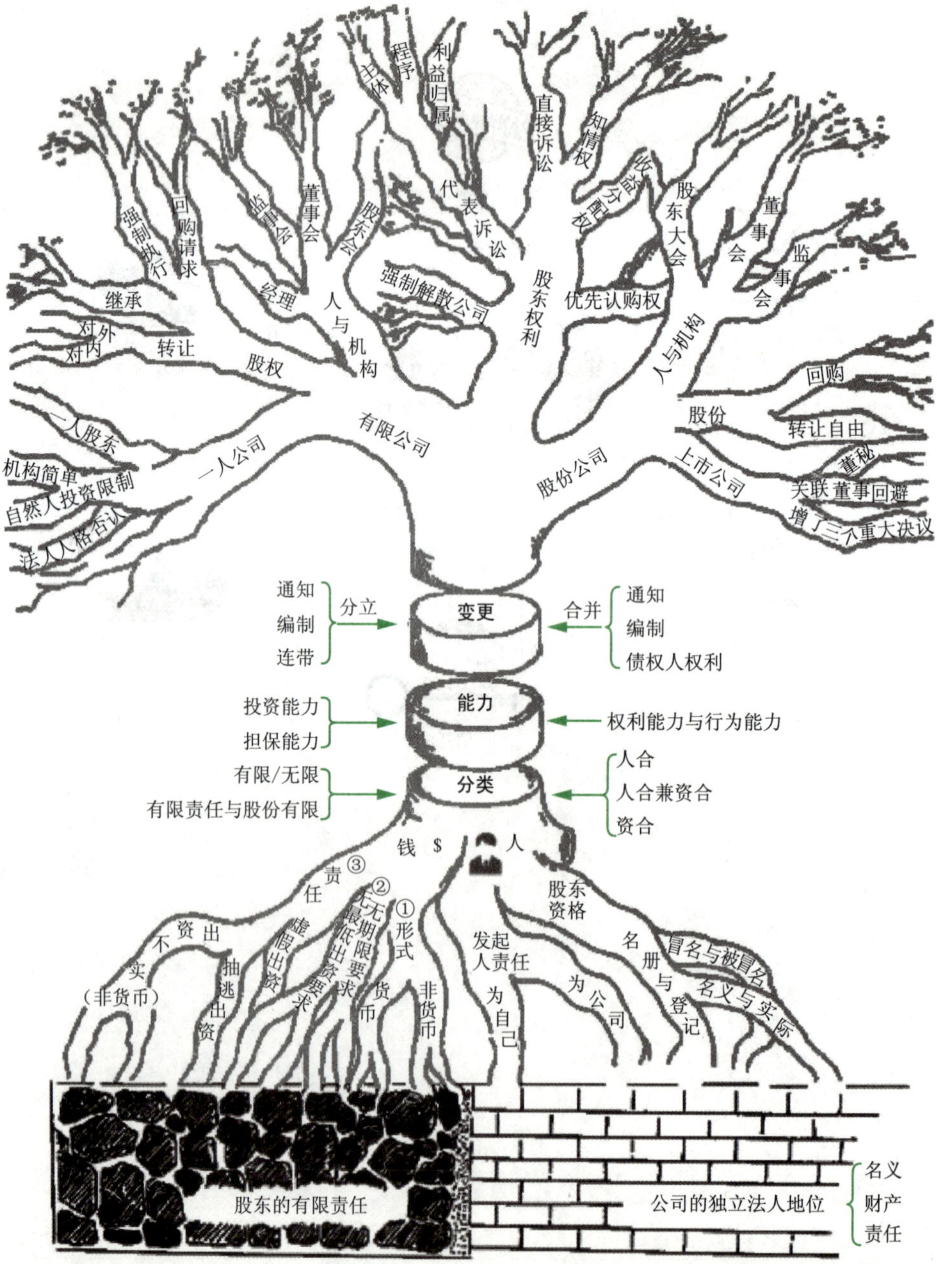

【公司法的体系2】

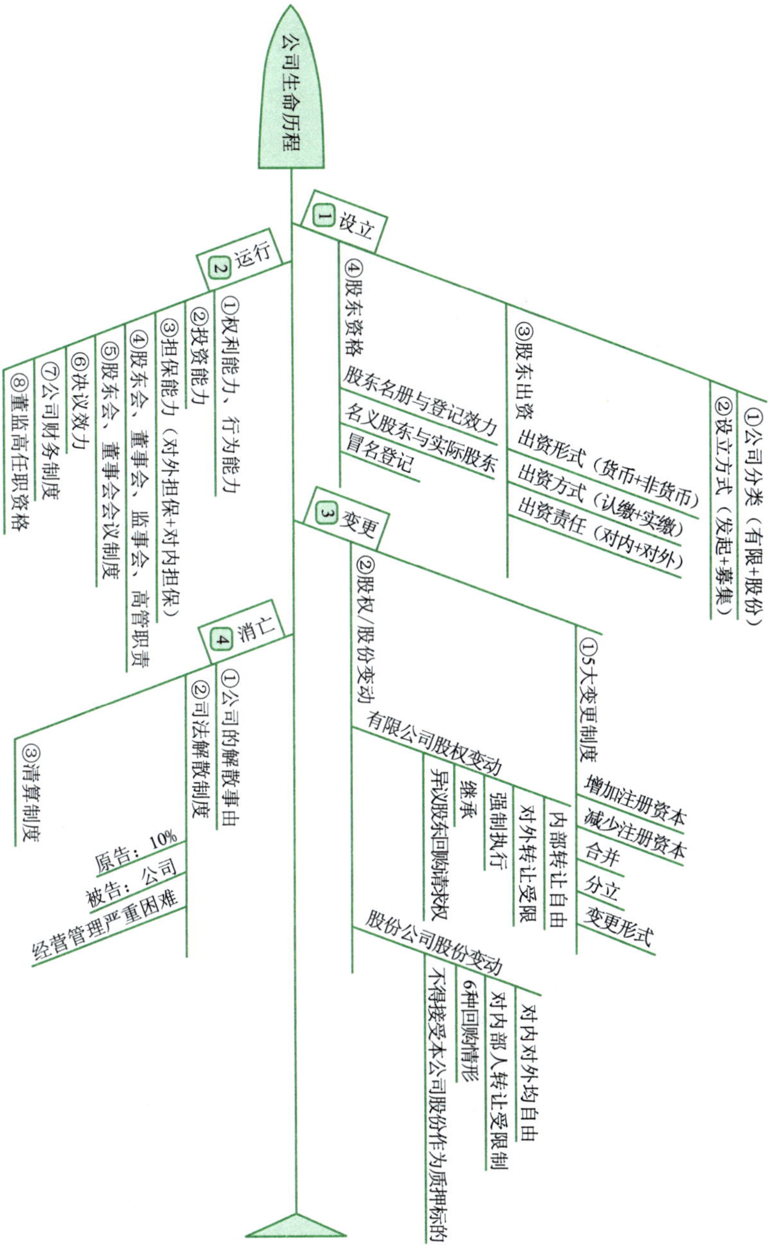
公司生命历程
1 设立
①公司分类（有限+股份）
②设立方式（发起+募集）
③股东出资
出资形式（货币+非货币）
出资方式（认缴+实缴）
出资责任（对内+对外）
④股东资格
股东名册与登记效力
名义股东与实际股东
冒名登记
2 运行
①权利能力、行为能力
②投资能力
③担保能力（对外担保+对内担保）
④股东会、董事会、监事会、高管职责
⑤股东会、董事会会议制度
⑥决议效力
⑦公司财务制度
⑧董监高任职资格
3 变更
①5大变更制度
增加注册资本
减少注册资本
合并
分立
变更形式
②股权/股份变动
有限公司股权变动
内部转让自由
对外转让受限
强制执行
继承
异议股东回购请求权
股份公司股份变动
对内对外均自由
对内部人转让受限制
6种回购情形
不得接受本公司股份作为质押标的
4 消亡
①公司的解散事由
②司法解散制度
原告：10%
被告：公司
经营管理严重困难
③清算制度

第一节　公司概述

一、股东有限责任与公司的独立法人地位（理解）

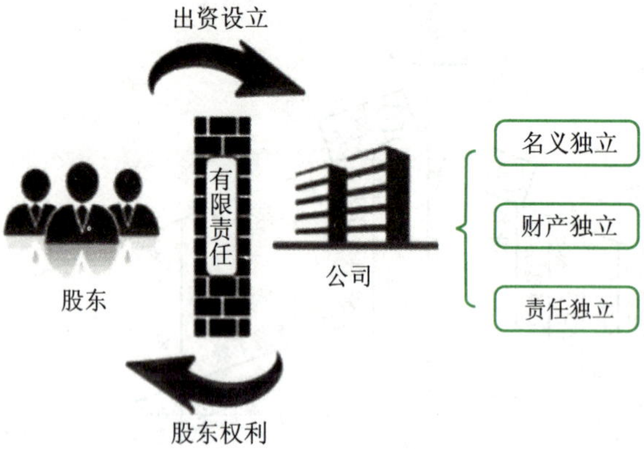

1. 股东有限责任：有限责任公司的股东以其认缴的出资额为限对公司承担责任；股份有限公司的股东以其认购的股份为限对公司承担责任。

2. 公司的独立法人资格：独立财产；独立名义；独立责任。

3. 公司法人人格否认制度

（1）在特定的法律关系中

①公司股东滥用公司法人独立地位和股东有限责任，逃避债务的；

②严重损害公司债权人利益的；

③应当对公司债务承担连带责任（例外情形/特定股东/个案否认）。

（2）应当否认公司法人人格的情形

①人格混同	最主要的表现是公司的财产与股东的财产是否混同且无法区分
②过度支配与控制	公司控制股东操纵公司的决策过程，使公司完全丧失独立性，沦为控制股东的工具或躯壳，严重损害公司债权人利益
③资本显著不足	公司设立后在经营过程中，股东实际投入公司的资本数额与公司经营所隐含的风险相比明显不匹配 股东利用较少资本从事力所不及的经营，表明其没有从事公司经营的诚意，实质是恶意利用公司独立人格和股东有限责任把投资风险转嫁给债权人

真 题

零盛公司的两个股东是甲公司和乙公司。甲公司持股 70% 并派员担任董事长，乙公司持股 30%。后甲公司将零盛公司的资产全部用于甲公司的一个大型投资项目，待债权人丙公司要求零盛公司偿还货款时，发现零盛公司的资产不足以清偿。关于本案，下列哪一选项是正

确的?[1](2016年，单选)

A. 甲公司对丙公司应承担清偿责任

B. 甲公司和乙公司按出资比例对丙公司承担清偿责任

C. 甲公司和乙公司对丙公司承担连带清偿责任

D. 丙公司只能通过零盛公司的破产程序来受偿

二、公司的所有权与经营权分离（理解）

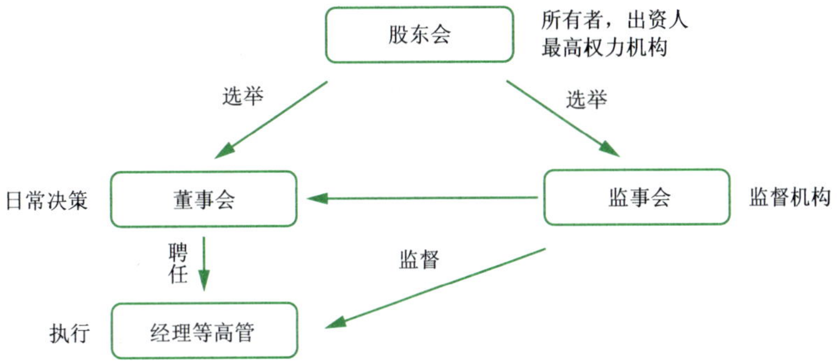

三、公司的分类

1. 以股东的责任范围为标准
   - 无限责任公司
   - 两合公司
   - 股份两合公司
   - 有限责任公司和股份有限公司★

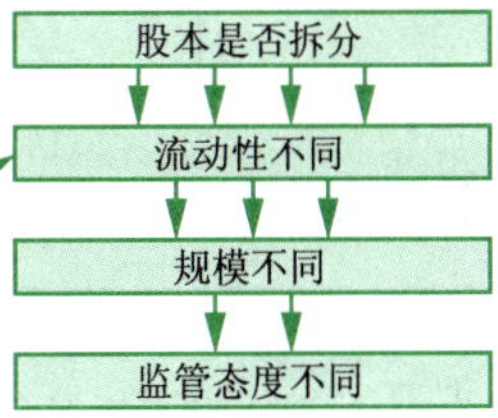

2. 以公司间的组织关系为标准
   - 总公司与分公司
   - 母公司与子公司

(1) 分公司不具有企业法人资格，其民事责任由公司承担★；

(2) 子公司具有企业法人资格，依法独立承担民事责任★。

3. 以公司信用为标准
   - 人合公司
   - 资合公司
   - 人合兼资合公司

- 有限公司——人合为主兼有资合
- 股份公司——资合为主兼有人合
- 上市公司——纯资合

四、担保能力★★★

1. 担保对象：无限制。

[1] 答案：A。

2. 担保决策

分类	决议
（1）为非关联方提供担保（为他人）	依照公司章程的规定，由董事会或股东（大）会决议
（2）为关联方提供担保（为股东、实际控制人）	①必须由股东（大）会决议 ②接受担保的股东或受实际控制人支配的股东不得参加表决 ③该项表决由出席会议的其他股东所持表决权的过半数通过
【注意】此处的关联方，【仅】指为【股东、实际控制人】	

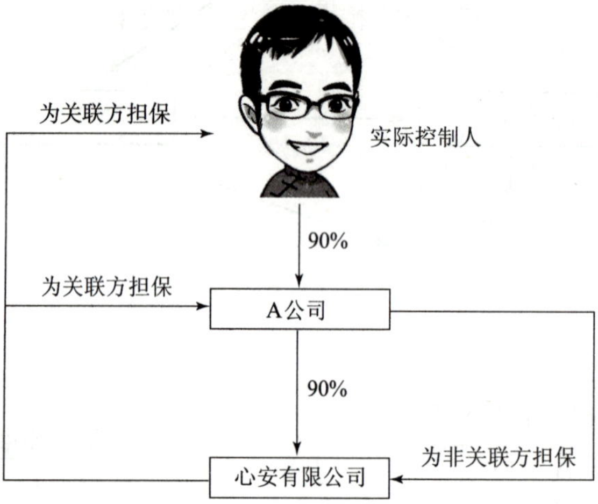

（3）越权担保

①概念	公司的法定代表人违反公司法关于公司对外担保决议程序的规定，超越权限代表公司与相对人订立担保合同
②公司的责任	A. 相对人善意的，担保合同对公司发生效力；相对人请求公司承担担保责任的，人民法院应予支持 B. 相对人非善意的，担保合同对公司不发生效力；相对人请求公司承担赔偿责任的，参照适用《担保制度司法解释》〔1〕第17条〔2〕的有关规定
③善意的认定	A. 善意，相对人在订立担保合同时不知道且不应当知道法定代表人超越权限 B. 相对人对公司决议进行了合理审查 ◇未审查任何决议：非善意 ◇对关联方提供担保：错拿了董事会决议 ◇对关联方提供担保：拿到法定代表人伪造的“全体股东签名”的股东会决议

〔1〕《最高人民法院关于适用〈中华人民共和国民法典〉有关担保制度的解释》。

〔2〕主合同有效而第三人提供的担保合同无效，人民法院应当区分不同情形确定担保人的赔偿责任：A. 债权人与担保人均有过错的，担保人承担的赔偿责任不应超过债务人不能清偿部分的1/2；B. 担保人有过错而债权人无过错的，担保人对债务人不能清偿的部分承担赔偿责任；C. 债权人有过错而担保人无过错的，担保人不承担赔偿责任。主合同无效导致第三人提供的担保合同无效，担保人无过错的，不承担赔偿责任；担保人有过错的，其承担的赔偿责任不应超过债务人不能清偿部分的1/3。

续表

④法定代表人的赔偿责任	法定代表人超越权限提供担保造成公司损失，法定代表人承担赔偿责任

（4）未作出决议，担保有效的情形

①	金融机构开立保函或者担保公司提供担保	
②	公司为其全资子公司开展经营活动提供担保	上市公司对外提供担保，不适用
③	担保合同系由单独或者共同持有公司 2/3 以上对担保事项有表决权的股东签字同意	

模拟题

张达为星际有限公司董事长兼法定代表人，未经公司董事会、股东会决议，擅自以公司名义为其股东大地公司自兴旺银行获得贷款提供担保，对此下列说法正确的是？[1]（单选）

A. 因属越权担保，故担保无效

B. 虽属越权担保，但公司内部决议的缺失不应影响外部行为的效力，担保有效

C. 兴旺银行作为债权人，取得了星际公司同意担保的董事会决议，则应当认定其为善意的相对人

D. 兴旺银行作为债权人，应当取得星际公司同意担保的股东会决议，且该决议不应当有大地公司签章

第二节 公司法基本制度

一、公司的设立

1. 发起人

为设立公司而签署公司章程、向公司认购出资或者股份并履行公司设立职责的人，应当认定为公司的发起人，包括有限责任公司设立时的股东。

注意：只要公司成立，发起人就是股东；但股东不一定是发起人。

2. 章程的效力

公司章程对公司、股东、董事、监事、高级管理人员具有约束力。对职工、公司债权人不具有约束力。

〔1〕 答案：D。

3. 发起人责任与公司责任

序号	情形	责任承担
(1)	发起人为履行设立职责，以自己名义对外签订合同	合同相对人有权选择要求该发起人或公司承担合同责任
(2)	发起人以设立中公司名义对外签订合同	①原则上公司承担 ②但发起人为自己的利益，且合同相对人知情，公司可免除责任，由发起人承担责任
(3)	公司不能成立时	①发起人对设立中的费用、债务承担连带责任 ②内部追偿规则：约定——出资比例——按照均等份额分担责任

二、股东的出资

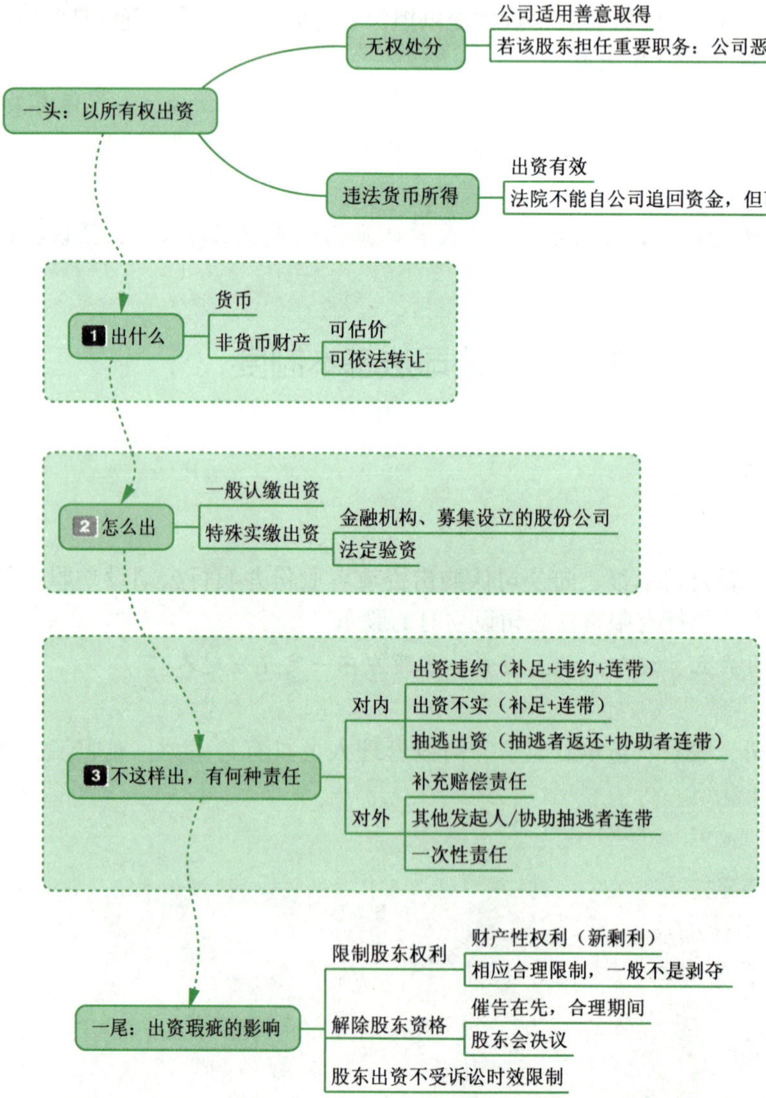

（一）概述

1. 转移所有权——公司财产的独立性。

2. 出资人以不享有处分权的财产出资，公司可以适用善意取得。

陷阱提示

（1）若出资人以不享有处分权的财产出资，且该出资人担任公司董、高，则认定公司知情，不能适用善意取得。

（2）以贪污、受贿、侵占、挪用等违法犯罪所得的货币出资。

只能执行出资人持有的股权，不能自公司直接划转出资的货币。

（二）出资形式

1. 货币出资

应当将货币足额存入公司在银行开设的账户。

2. 非货币出资（实物、知识产权、土地使用权）

价值评估 + 可以依法转让

3. 股权出资的条件

【例子】甲持有 A 有限公司 20% 的股权，现与他人共同设立 B 公司，甲以其持有的 20% 股权向 B 公司出资——本质是甲将股权转让给 B 公司

（1）由出资人合法持有并依法可以转让。

（2）无权利瑕疵或者权利负担。

（3）出资人已履行关于股权转让的法定手续。

（4）进行了价值评估。

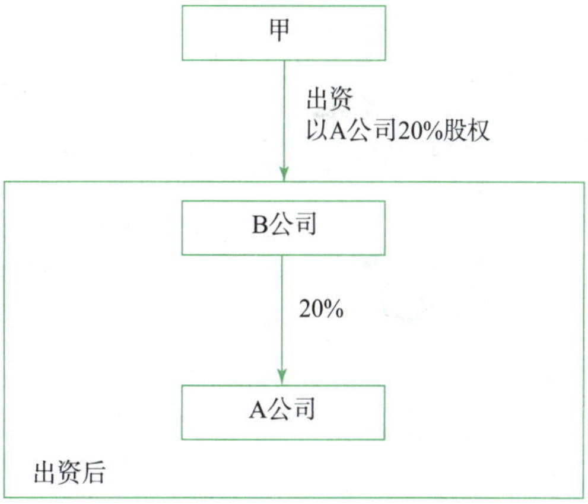

4. 债权出资★

【例子】张某对 A 公司享有 100 万元的合法债权，现以该债权向 B 公司出资，本质上是债权让与。

【民商结合】（1）无须征得 A 公司的同意；（2）应当通知 A 公司。

5. 土地使用权、房屋、知识产权出资：交付 + 登记【交付享权】

（1）已交付，未登记：应当登记，自交付之日享有股东权利。

（2）未交付，已登记：应当交付，交付之前不享有股东权利。

6. 不得作为出资的财产

以劳务、信用、自然人姓名、商誉、特许经营权、设定担保的财产。

7. 土地使用权出资（限于出让地）

（1）以“划拨地”出资的	应当在合理期间内办理土地变更手续，否则认定其未依法全面履行出资义务

续表

（2）以“抵押地”出资的	应当责令其在合理期间内解除权利负担，否则认定其未依法全面履行出资义务

（三）出资方式

认缴资本制：股东的出资方式具体由公司章程规定。

原则	例外
1. 无最低注册资本要求	证券公司、保险公司、银行等金融机构以及上市公司有最低注册资本要求
2. 可分期出资，无出资期限要求 【注意】股东享有出资的期限利益	银行、证券公司、保险公司等金融机构，以及募集设立的股份公司要求实缴注册资本，即股东应当一次性缴纳全部出资

（四）出资责任

1. 对内责任

（1）出资不实 ★★★	①表现形式 非货币财产出资，其价值显著低于章程所定金额 ②责任（补足＋连带） A. 该股东向公司补足差额 B. 设立时的其他股东（发起人）承担连带责任 【陷阱提示】出资后，非股东原因非货币财产价值下降的，不认定为出资不实
（2）出资违约	①表现形式：未按期足额履行出资义务 未按期＋货币出资不足额＋未出资 ②责任（补足＋违约＋连带） A. 该股东向公司补足差额 B. 向其他守约股东承担违约责任 C. 设立时的其他股东（发起人）承担连带责任
（3）抽逃出资	①表现形式 A. 制作虚假财务会计报表虚增利润进行分配 B. 通过虚构债权债务关系将其出资转出 C. 利用关联交易将出资转出 D. 其他未经法定程序将出资抽回的行为 【注意】只有损害公司利益，才能认定为抽逃出资 ②责任（抽逃者返还本息＋协助者连带） A. 公司或者其他股东有权要求抽逃者返还出资本息 B. 协助抽逃出资的其他股东、董事、高级管理人员或者实际控制人承担连带责任

2. 对外责任

（1）一般	①补充责任：未履行/未全面履行出资义务的股东在未出资本息范围内对公司债务不能清偿的部分向公司的债权人承担补充赔偿责任 ②一次性责任：股东已经承担上述责任，其他债权人提出相同请求的，人民法院不予支持 ③其他发起人承担连带责任，之后向被告股东追偿
（2）抽逃出资	①抽逃出资的股东在抽逃出资本息范围内对公司债务不能清偿的部分向公司的债权人承担补充赔偿责任 ②协助抽逃出资的其他股东、董事、高级管理人员或者实际控制人承担连带责任 ③抽逃出资的股东已经承担上述责任，其他债权人提出相同请求的，人民法院不予支持

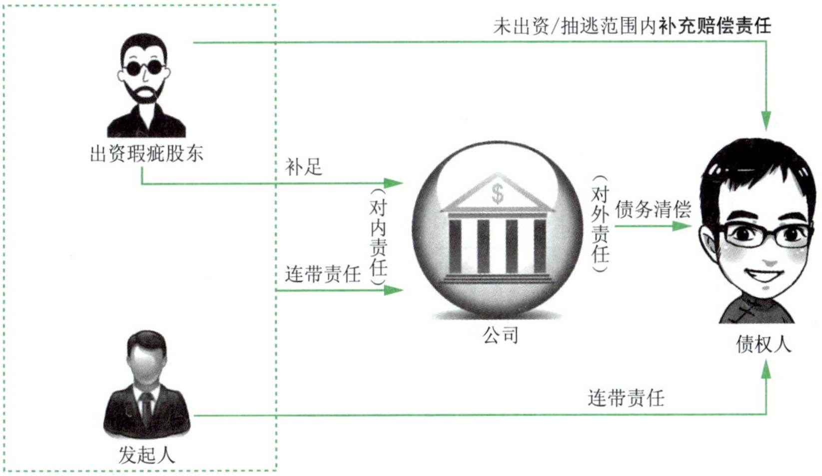

3. 股东出资原则上不能被加速到期。但是，下列情形除外

（1）	公司破产
（2）	公司作为被执行人，法院穷尽执行措施无财产可供执行，公司已具备破产原因，但不申请破产的
（3）	公司解散的
（4）	债务产生后，股东（大）会决议或其他方式延长股东出资期限的

（五）瑕疵出资对股东的影响

1. 限制权利	（1）前提：股东未履行/未全面履行/抽逃出资 （2）后果：公司可以对其利润分配请求权、新股优先认购权、剩余财产分配请求权（新剩利）等股东权利作出相应的合理限制 【陷阱提示】相应的合理限制，而非“剥夺”股东权利

续表

2. 股东除名 ★★★	（1）前提：有限责任公司的股东未履行出资义务/抽逃全部出资 （2）催告：经公司催告缴纳或者返还，其在合理期间内仍未缴纳或者返还出资 （3）决议：公司可以股东会决议解除该股东的股东资格 （4）后续处理：公司应当及时办理法定减资程序或者由其他股东或者第三人缴纳相应的出资
3. 瑕疵股权转让 ★★★	（1）前提：有限公司的股东未履行/未全面履行出资义务即转让股权 （2）责任： ①受让人对此知道或者应当知道：该股东＋受让人连带责任 ②受让人承担责任后，可向转让方追偿。但是，当事人另有约定的除外 【陷阱提示】 （1）该规则适用的前提是：出资期限届满，但股东未出资/未全面出资 （2）若出资期限未届满，股东即转让股权：转让方无责任，期限届满后仅受让人承担责任

【归纳总结】出资期限与相关责任

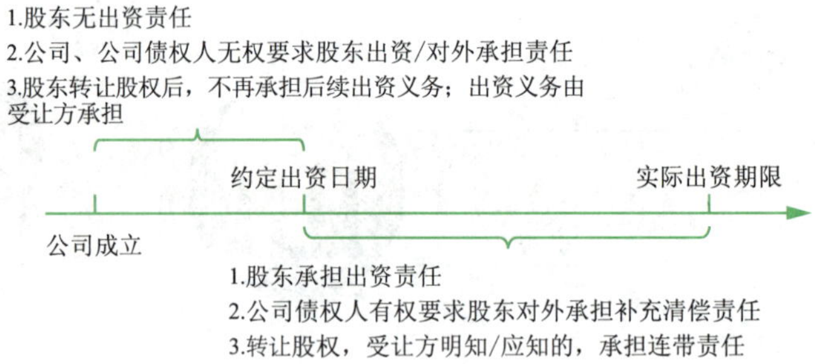

三、股东身份——两个文件，两对范畴

（一）股东身份的证明

1. 股东名册：内部效力

记载于股东名册的股东，可以依据股东名册向公司主张行使股东权利。

2. 登记文件：公示效力

未经登记或变更登记的，不得对抗善意第三人。

（二）股东资格：无限制（自然人、法人、其他组织、国家都可以）

（三）名义股东与实际股东★★★

名义股东（显名股东）	登记于股东名册及公司登记机关的登记文件，但事实上并没有向公司出资，也不会向公司出资的主体
实际股东（显名股东）	实际履行出资义务并享有股东权利，但其姓名或者名称并未记载于公司股东名册及公司登记机关的登记文件的主体
两者之间是“代持关系”，判断的标准是：两者之间是否有代持的合意	

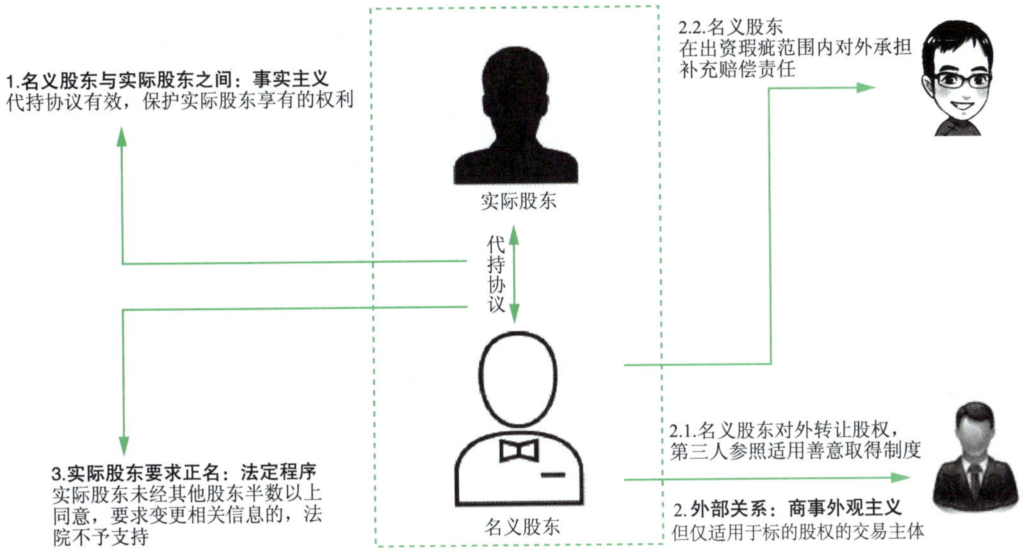

1. 内部关系	（1）若不违反强制性规范，代持协议有效 （2）若名义股东主张享有股东权利，法院不予支持——两者之间，股东权利归属于实际股东 （3）实际股东不能直接向公司主张股东权利，只能通过名义股东间接行使股东权利
2. 对外关系	（1）名义股东未经实际股东同意，将其股权对外转让/出质——参照适用“善意取得”制度 注意：命题人观点——名义股东系“有权处分” （2）名义股东对公司债权人承担补充清偿责任
3. 实际股东浮出水面	（1）实际出资人未经公司其他股东半数以上同意，请求公司变更股东、签发出资证明书、记载于股东名册、记载于公司章程并办理公司登记机关登记的，法院不予支持 （2）【“半隐”证明知道即可】实际出资人能够提供证据证明有限责任公司过半数的其他股东知道其实际出资的事实，且对其实际行使股东权利未曾提出异议的，对实际出资人提出的登记为公司股东的请求，人民法院依法予以支持

（四）冒名登记

冒用他人名义出资并将该他人作为股东在公司登记机关登记的，冒名者认定为公司股东，承担责任；被冒名者，不是股东，无责任。

四、股东权利

（一）收益分配权（利润分配请求权、分红权）★

1. 分配依据	（1）有限公司：股东按照实缴的出资比例分取红利；但是，全体股东约定不按照出资比例分取红利的除外 （2）股份公司：按照股东持有的股份比例分配（认缴比例），但公司章程规定不按持股比例分配的除外

续表

2. 诉讼	（1）当事人：列公司为被告 （2）载明具体分配方案的决议 ①提交了，法院应当判决公司按照决议载明的具体分配方案向股东分配利润 ②未提交，法院应当驳回其诉讼请求
3. 利润分配时间	决议载明时间→章程规定→1 年

（二）优先认缴权★

1. 有限公司	（1）有限公司新增资本时，股东有权优先按照实缴的出资比例认缴出资 （2）全体股东约定不按照出资比例优先认缴出资的除外
2. 股份公司	股东无优先认购权

1.增资300万元，原股东按照实缴比例行使优先认缴权

甲：100万	乙：100万	丙：100万
甲：200万	乙：200万	丙：200万

2.增资300万元，甲认购：0；乙认购100万；丙认购200万

甲：100万	乙：100万	丙：100万
甲：100万	乙：200万	丙：300万

（三）知情权

1. 基本规定

（1）有限公司	• 一般文件：有限公司股东有权查阅、复制章程、股东会会议记录、董事会会议决议、监事会会议决议和财务会计报告 • 查账权：股东可以要求查阅公司会计账簿 ①书面请求，说明目的 ②若有不正当目的，可能损害公司合法利益的，公司可以拒绝，并于 15 日内说明理由 ③股东可以请求人民法院要求公司提供查阅 • 不正当目的 ①股东自营或者为他人经营与公司主营业务有实质性竞争关系的业务的，但公司章程另有规定或者全体股东另有约定的除外 ②股东为了向他人通报有关信息查阅公司会计账簿，可能损害公司合法利益的 ③股东在向公司提出查阅请求之日前 3 年内，曾通过查阅公司会计账簿，向他人通报有关信息损害公司合法利益的
（2）股份公司	• 一般文件：股份公司股东有权查阅公司章程、股东名册、公司债券存根、股东大会会议记录、董事会会议决议、监事会会议决议、财务会计报告 • 股份公司股东无查账权

2. 不得剥夺知情权

（1）公司章程、股东之间的协议等不得实质性剥夺股东依据公司法查阅或者复制公司文件材料的权利。

（2）股东放弃法律规定的知情权，放弃无效。

3. 知情权的行使

（1）中介机构协助	①股东依据法院生效判决查阅公司文件材料的 ②在该股东在场的情况下 ③可以由会计师、律师等依法或者依据执业行为规范负有保密义务的中介机构执业人员辅助进行
（2）诉讼	①原告：起诉时有股东资格 ②例外：在起诉时不具有公司股东资格的，法院应当驳回起诉。但原告有初步证据证明在持股期间其合法权益受到损害，请求依法查阅或者复制其持股期间的公司特定文件材料的除外

4. 材料未保存的责任——股东直接诉讼

（1）情形	公司董事、高管等未依法履行职责，导致公司未依法制作或者保存股东知情权范围内的文件材料，给股东造成损失
（2）股东直接诉讼	股东有权请求负有相应责任的公司董事、高级管理人员承担民事赔偿责任

（四）股东代表诉讼★★

- 救济功能
- 预防功能

（董事、监事、高级管理人员或他人）损害公司利益的，有限公司股东、股份公司连续180日以上，单独或者合计持有公司1%以上股份的股东，可以书面请求监事（会）或者董事会（执行董事）向人民法院提起诉讼（交叉请求） 监事（会）或董事会（执行董事）收到上述规定的股东书面请求后拒绝提起诉讼自收到请求之日起30日内未提起诉讼；情况紧急，不立即提起诉讼将会使公司利益受到难以弥补的损害的 上述股东有权为了公司利益以自己名义直接向人民法院提起诉讼
1. 原告 （1）有限公司：任意股东 （2）股份公司：连续持股时间180日以上＋持股比例1%以上 （3）起诉时具有股东资格
2. 前置程序：书面交叉请求；紧急、拒绝、30天
3. 被告：致损方，包括公司董事、监事、高级管理人员和他人
4. 无独立请求权第三人：公司
5. 利益归属：公司
6. 费用承担 股东的诉讼请求部分或者全部得到人民法院支持的，公司应当承担股东因参加诉讼支付的合理费用

续表

	7. 调解 （1）只有在调解协议经公司股东（大）会、董事会决议通过后，人民法院才能出具调解书予以确认 （2）具体决议机关，取决于公司章程的规定；没有规定的，公司股东（大）会认定为决议机关

（五）股东直接诉讼

1. 情形	董事、高管违反法律、法规或者公司章程的规定，损害股东利益
2. 原告	受损害的股东
3. 被告	违反法律、法规或章程的董事、高管

【归纳总结】 直接诉讼与代表诉讼

类别	直接诉讼	代表诉讼
1. 起因	股东利益受损	公司利益受损
2. 原告	受损股东	（1）有限公司任意股东 （2）股份公司 180 天持股时间，持股比例 1% 以上
3. 被告	违反法律法规章程损害股东利益的董事、高管	损害公司利益的董监高、他人
4. 前置程序	无	书面交叉请求，紧急、拒绝、30 天
5. 利益归属	股东	公司

五、公司董事、监事、高级管理人员的任职资格和义务

1. 消极任职资格

（1）担任破产清算的公司、企业的经理或者董事、厂长，对破产负有个人责任的，破产清算完结之日 →	破产　理事长	3 年不当官
（2）担任因违法被吊销营业执照、责令关闭的公司、企业法定代表人，并负有个人责任的，被吊销营业执照之日 →	违法　代表人	
（3）经济犯罪 + 刑罚 → 犯罪 + 剥夺政治权利 →	因钱获刑 因罪夺权	5 年不当官
（4）个人所负数额较大的债务到期未清偿 →	“老赖”	永远当不成
（5）无民事行为能力或者限制民事行为能力 →	无能	

2. 董事、高管的禁止行为

（1）挪用公司资金。

（2）公款私存：将公司资金以其个人名义或者以其他个人名义开立账户存储。

（3）违规担保：违反公司章程的规定，未经股东会、股东大会或者董事会同意，将公司资金借贷给他人或者以公司财产为他人提供担保。

（4）自我交易禁止（相对禁止）★：违反公司章程的规定或者未经股东会、股东大会同意，与本公司订立合同或者进行交易。

（5）竞业禁止（相对禁止）★：未经股东会或者股东大会同意，利用职务便利为自己或者他人谋取属于公司的商业机会，自营或者为他人经营与所任职公司同类的业务。

（6）接受他人与公司交易的佣金归为己有。

（7）擅自披露公司秘密。

（8）违反对公司忠实义务的其他行为。

【公司的归入权】董事、高级管理人员违反上述规定所得的收入应当归公司所有。

六、公司财务制度

利润分配流程

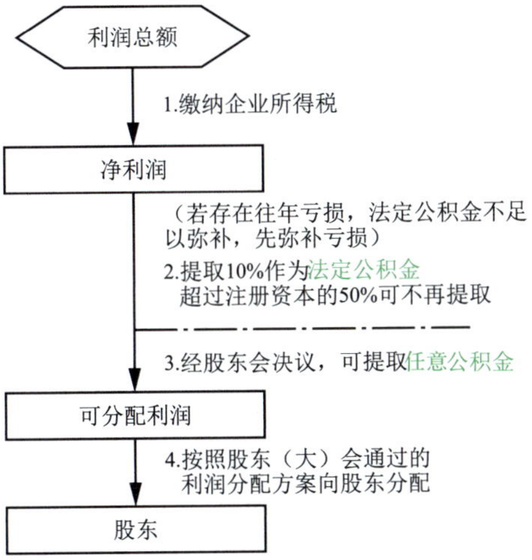

1. 在公司弥补亏损和提取法定公积金之前向股东分配利润的，股东必须将违反规定分配的利润退还公司。

2. 若公司虚增利润进行分配，则构成抽逃出资。

类别		来源	用途
盈余公积金	法定公积金	（1）公司分配当年税后利润时，应当提取利润的10%列入法定公积金 （2）法定公积金累计额为注册资本的50%以上的，可以不再提取	（1）弥补亏损 （2）扩大生产经营规模 （3）转增注册资本 法定公积金转为资本时，所留存的该项公积金不得少于转增前注册资本的25%
	任意公积金	（1）提取法定公积金后，经股东会或股东大会决议提取任意公积金 （2）任意公积金的提取比例由股东会或者股东大会决定	
资本公积金		（1）股票溢价发行价款 （2）依财政部门规定列入资本公积金的其他收入	（1）扩大生产经营规模 （2）转增注册资本 资本公积金不能用于弥补亏损

七、公司变更制度

1. 增加注册资本

（1）决议：股东会 2/3 以上表决权审议通过。

（2）有限公司股东的优先认购权：

①按照实缴出资比例行使优先认购权；

②若原股东不按实缴出资比例增资，需要一致同意。

2. 减少注册资本

（1）决议	股东会 2/3 以上表决权审议通过
（2）通知、公告	决议作出之日起 10 日内通知债权人，30 日内进行公告
（3）债权人保护	债权人有权要求清偿债务，或提供担保 【注意】公司减资未通知债权人的，减资不得对抗债权人 如甲、乙两人是 A 有限公司股东，各出资 100 万元，公司注册资本 200 万元。A 公司减资 100 万元，向甲、乙分别退还资金 50 万元，未通知、公告。A 公司债权人张三得知后，要求 A 公司清偿债务而不得，则有权要求甲、乙分别在 50 万元范围内承担偿还义务

3. 合并

（1）形式	A + B = C（新设合并）；A + B = A（吸收合并）
（2）决议	股东会 2/3 以上表决权审议通过
（3）通知、公告	决议作出之日起 10 日内通知债权人，30 日内进行公告
（4）债权人保护	债权人有权要求清偿债务或提供担保
（5）关联考点	①有限公司股东对合并决议投反对票的，有权要求公司以合理价格收购其股权 ②债权债务的概括转移：合并主体的债权债务均由合并后存续的公司概括承继

4. 分立

（1）形式	A = B + C（新设分立）；A = A + B（派生分立）
（2）决议	股东会 2/3 以上表决权审议通过
（3）通知、公告	决议作出之日起 10 日内通知债权人，30 日内进行公告
（4）债务承担	分立后的公司对分立前的债务承担连带责任，但分立前与债权人就债务清偿达成的书面协议另有约定的除外
（5）关联考点	有限公司股东对分立决议投反对票的，有权要求公司以合理价格收购其股权

【归纳总结】

1. 公司变更制度中，合并、减资中有债权人保护制度；增资、分立、变更公司形式中无债权人保护制度。

2. 合并、分立中出现公司解散的，无须清算。

第三节　有限责任公司

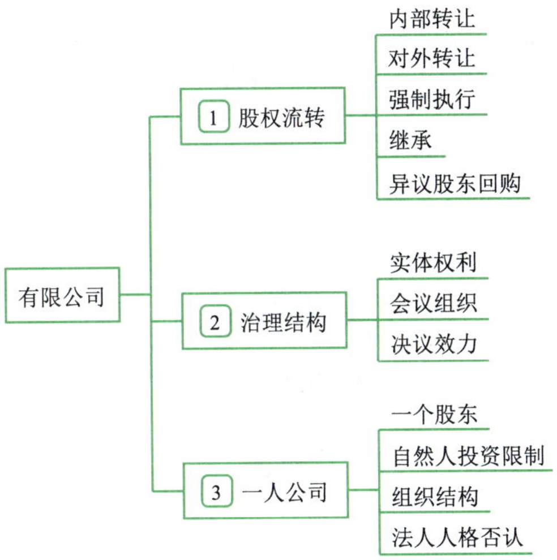

一、有限公司股东的股权转让

1. 对内转让：股东之间的股权转让——完全自由。

2. 对外转让★★★：股东转给非股东——经其他股东过半数同意。

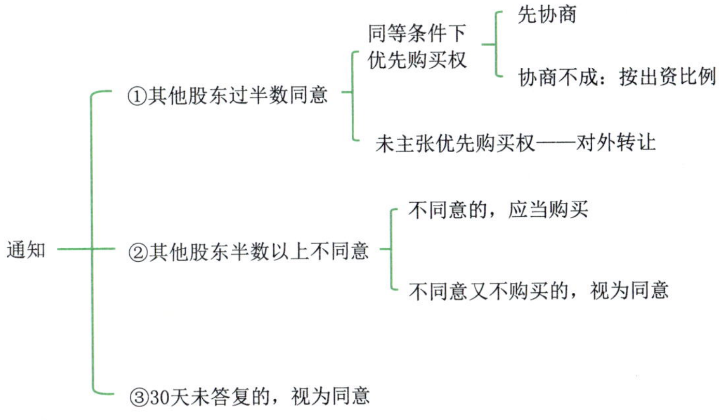

（1）优先购买权

①同等条件：应当考虑转让股权的数量、价格、支付方式及期限等因素。

②优先购买权的行使期间

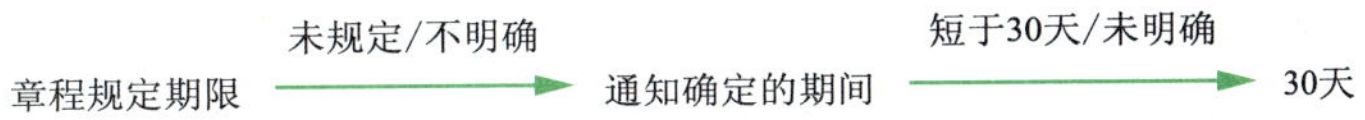

（2）转让方反悔

有限公司的转让股东，在其他股东主张优先购买后又不同意转让股权的。

①可以反悔	不支持其他股东行使优先购买权的主张
②缔约过失责任	转让股东赔偿主张优先购买权股东的合理损失

（3）侵犯优先购买权的处理★★★

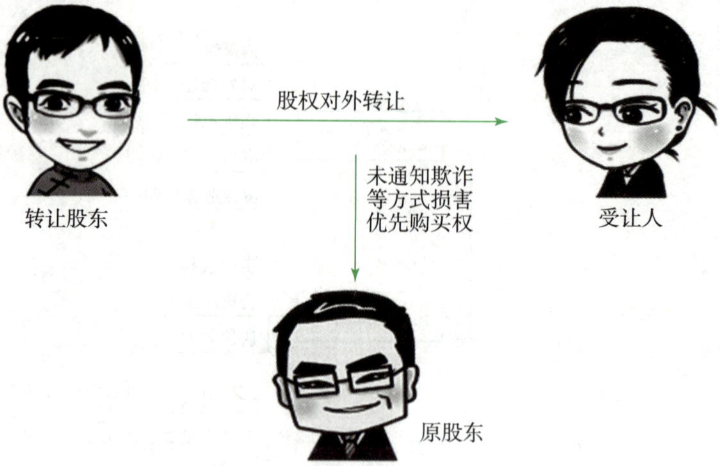

①损害方式	A. 未告知其他股东；B. 欺诈；C. 恶意串通 【注意】转让人与受让人之间的股权转让是否无效，取决于是否有《民法典》规定的民事法律行为无效之情形；并不因损害优先购买权而当然无效
②保护原股东	原股东主张按照同等条件购买股权的，法院应当支持
③期限	原股东应当在： A. 知道或应当知道同等条件之日起 30 日内，且 B. 股权变更登记之日起 1 年内 主张优先购买权
④诉讼请求	原股东仅提出确认股权转让合同及股权变动效力等请求，未同时主张按照同等条件购买转让股权的，法院不予支持
⑤受让人救济	原股东主张优先购买权导致受让人不能取得股权的，可以请求转让人承担相应的民事责任

3. 强制转让

（1）通知	法院强制执行程序转让股东的股权时，应当通知公司及全体股东
（2）优先购买权	①其他股东在同等条件下有优先购买权 ②期限：法院通知之日起 20 日

4. 股东资格的继承

（1）当然继承	①自然人股东死亡后，继承人可以继承股东资格 ②公司章程另有规定的除外
（2）无优先购买权	①其他股东无优先购买权 ②公司章程另有规定或者全体股东另有约定的除外

5. 有限公司股东的异议回购请求权★★★（《公司法》第 74 条）

有限公司股东对下列股东会决议投反对票的，有权要求公司以合理价款回购其股权：

（1）	公司连续 5 年不向股东分配利润，而公司该 5 年连续盈利，并且符合《公司法》规定的分配利润条件的
（2）	公司合并、分立、转让主要财产的
（3）	公司章程规定的营业期限届满或者章程规定的其他解散事由出现，股东会会议通过决议修改章程使公司存续的

6. 股权让与担保——真担保，假让与

股东以将其股权转移至债权人名下的方式为债务履行提供担保的：

（1）债权人主张获得标的股权的，法院不予支持；债权人主张对标的股权的价值优先受偿权的，可以得到法院支持；

（2）公司或者公司的债权人以股东未履行或者未全面履行出资义务、抽逃出资等为由，请求作为名义股东的债权人与股东承担连带责任的，人民法院不予支持。

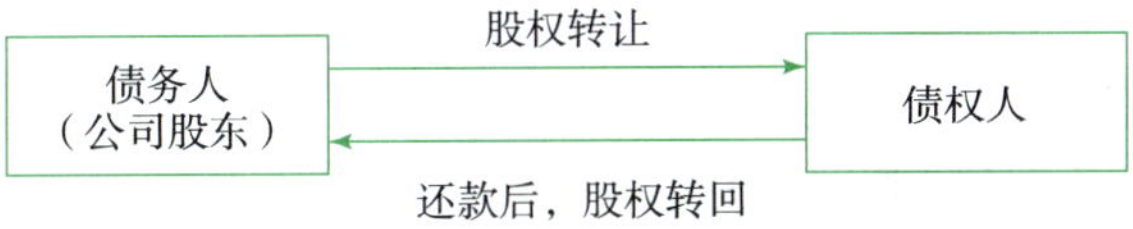

【归纳总结】有限公司股权的流转

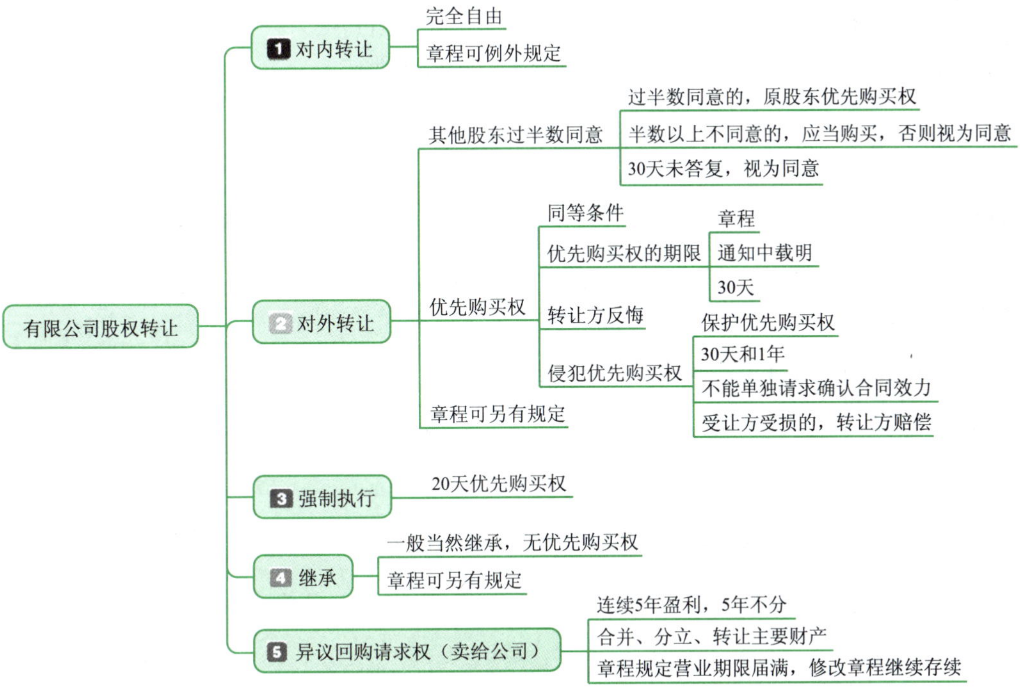

陷阱提示

有限公司股权质押，不适用股权转让规则，若章程无特别规定，股权出质自由。

二、股东会、董事会和经理的职权（有限公司、股份公司均适用）

—	股东会	董事会	经理
1. 地位	最高权力机构	日常经营决策机构，执行股东会决议	主持公司的生产经营管理工作，组织实施董事会决议
2. 战略规划	决定公司的经营方针和投资计划	决定公司的经营计划和投资方案	组织实施公司年度经营计划和投资方案
3. 人事任命 ★★★	（1）选举和更换非由职工代表担任的董事、监事 （2）决定有关董事、监事的报酬事项 【注意】解聘董事，不受任期限制	（1）决定聘任或者解聘公司经理及其报酬事项 （2）根据经理的提名决定聘任或者解聘公司副经理、财务负责人及其报酬事项	（1）提请聘任或者解聘公司副经理、财务负责人 （2）决定聘任或者解聘除应由董事会决定聘任或者解聘以外的负责管理人员
4. 相互关系	审议批准董事会、监事会（监事）的报告	召集股东会会议，向股东会报告工作	可列席董事会会议
5. 重大决策 董事会制订方案，股东会审议/决议	审议（作出决议）	制订方案	—
	（1）年度财务预算方案、决算方案；（2）利润分配方案和弥补亏损方案；（3）增加或者减少注册资本以及发行公司债券方案；（4）合并、分立、变更公司形式、解散和清算		—
6. 修改章程	修改公司章程	—	—
7. 机构设置	—	决定公司内部管理机构的设置	拟订公司内部管理机构设置方案
8. 制度	—	制定公司的基本管理制度	制订公司的具体规章 拟订公司的基本管理制度
9. 其他	公司章程规定的其他职权	公司章程规定的其他职权	董事会授予的其他职权

【归纳总结】公司的人事任命

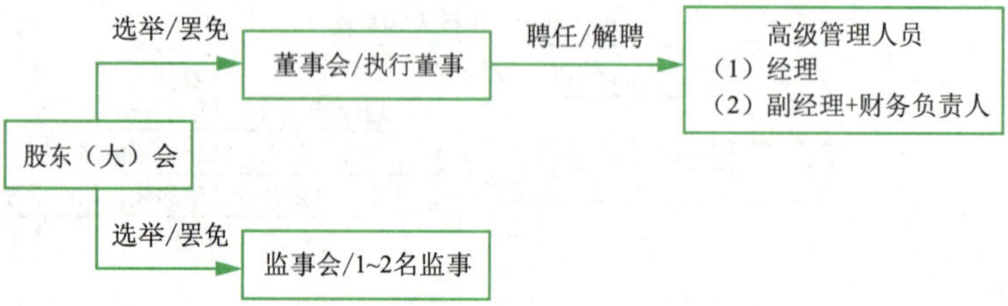

三、有限公司的三会结构

（一）股东会

1. 全体股东组成（2～50 人）
2. 股东会会议

（1）定期会议	章程规定
（2）临时会议	①代表 1/10 以上表决权的股东 ②1/3 以上的董事 ③监事会或者不设监事会的公司的监事 提议召开临时会议的，应当召开临时会议

3. 会议召集和主持

（1）通知：应当于会议召开 15 日前通知全体股东；但是，公司章程另有规定或者全体股东另有约定的除外。

（2）首次股东会会议，由出资最多的股东召集主持。

（3）其他股东会会议

①	• 设立董事会的，股东会会议由董事会召集，董事长主持 主持：董事长——副董事长——半数以上的董事推举 • 不设立董事会的，股东会会议由执行董事召集和主持
②	董事会或者执行董事不能履行或者不履行召集股东会会议职责的，由监事会或者不设监事会的公司的监事召集和主持
③	监事会或者监事不召集和主持的，代表 1/10 以上表决权的股东可以自行召集和主持

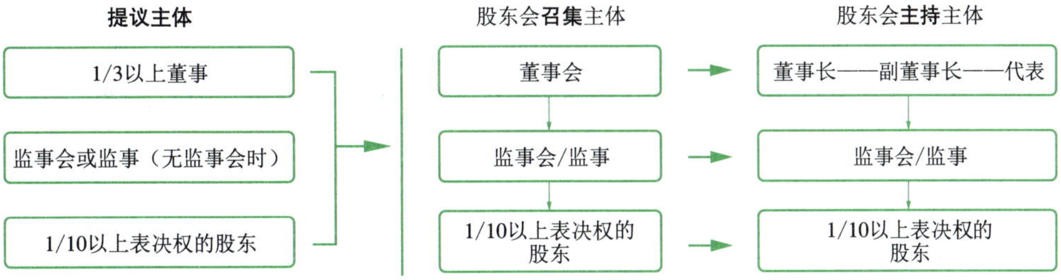

【归纳总结】由内而外，依次补位。

4. 表决规则：按出资比例行使；章程另有约定的除外。

（1）一般决议事项

表决规则由章程规定（若题目未明确说明，默认“全体股东所持表决权过半数”通过）。

（2）特别决议事项★★★

股东会会议作出下列决议，必须经代表 2/3 以上表决权的股东通过			
①修改公司章程	②增加注册资本	③减少注册资本	④公司合并
⑤分立	⑥解散	⑦变更公司形式	
注意：此处的“2/3”是全体股东表决权的2/3，而非“人数”			

（二）董事会

1. 性质	日常经营决策机构
2. 组成	3～13 人
3. 执行董事★	（1）有限公司股东人数较少或者规模较小的有限责任公司，可以设一名执行董事，不设董事会 （2）执行董事可以兼任公司经理
4. 董事留任	（1）董事任期届满未及时改选，或者 （2）董事在任期内辞职导致董事会成员低于法定人数的 在改选出的董事就任前，原董事仍应当履行董事职务
5. 议事规则	一人一票

（三）监事会

1. 性质	监督机构
2. 组成	股东代表和职工代表，职工代表不少于 1/3
3. 不设立监事会★	有限公司股东人数较少或者规模较小的有限责任公司，可以设 1～2 名监事，不设监事会
4. 费用承担	监事会/不设监事会的公司的监事行使职权所必需的费用，由公司承担

（四）法定代表人

公司法定代表人依照公司章程的规定，由董事长、执行董事或者经理担任，并依法登记。

（五）公司决议的效力（有限公司、股份公司通用）★★★

1. 效力的类型

依次判断

（1）不成立 （程序根本缺陷）	①公司未召开会议的，但《公司法》或者公司章程规定可以不召开股东（大）会而直接作出决定，并由全体股东在决定文件上签名、盖章的除外 ②会议未对决议事项进行表决的 ③出席会议的人数或者股东所持表决权不符合公司法或者公司章程规定的 ④会议的表决结果未达到《公司法》或者公司章程规定的通过比例的 ⑤导致决议不成立的其他情形
（2）无效 （内容违法）	公司股东（大）会、董事会的决议内容违反法律、行政法规的无效
（3）可撤销 （内容、程序瑕疵）	①决议内容违反公司章程的，股东可以自决议作出之日起60日内，请求人民法院撤销 ②股东（大）会、董事会的会议召集程序、表决方式违反法律、行政法规或者公司章程，股东可以自决议作出之日起60日内，请求人民法院撤销 注：常见召集程序、表决方式问题 ①股东会未能提前15日通知 ②会议召集、主持主体错误 ③对未通知事项进行表决 ④应当回避的主体未回避 例外：会议的召集程序或表决方式仅有：①轻微瑕疵，②对决议未产生实质影响的，不予撤销

2. 决议效力诉讼

诉讼	原告	被告
（1）无效/不成立	股东、董事、监事等	公司
（2）撤销之诉	股东（起诉时应当有股东资格）	

3. 决议效力被否认的影响

<table>
<tr><td>（1）撤销登记</td><td>根据决议已经办理变更登记的，法院宣告决议无效或者撤销后，应当申请撤销变更登记</td></tr>
<tr><td>（2）不影响与善意相对人的外部关系</td><td>公司依据该决议与善意相对人形成的民事法律关系不受影响
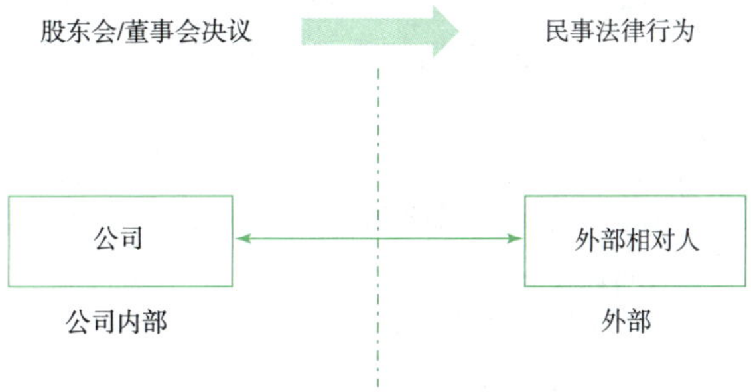
</td></tr>
</table>

模拟题

公司的下列决议，属于可撤销决议的是？[1]（单选）

A. 天际有限公司通过一项股东会决议：为保障公司正常的经营秩序，保护商业秘密，公司股东不得查阅公司会计账簿

B. 天际有限公司于2018年5月15日召开股东会会议，5月14日通知全部30名股东。会议当天共20名股东出席，会议审议通过了上一年度的董事会工作报告

C. 天际有限公司于2018年5月15日召开股东会会议，5月1日通知全部30名股东。会议当天全体股东出席，会议审议通过了上一年度的董事会工作报告

D. 天际有限公司于2018年5月15日召开股东会会议，4月30日通知全部30名股东。通知中载明，会议时间为5月15日上午9时，地点为公司第一会议室。会议当天因有大批媒体记者到场，导致会议于10时开始。当天共20名股东出席，会议审议通过了上一年度的董事会工作报告

四、一人有限责任公司的特别规定

1. 概念

（1）	一个自然人股东或一个法人股东的有限公司
（2）	全资子公司是一人公司

2. 投资人限制

（1）只限制自然人	①一个自然人只能投资设立一个一人有限责任公司 ②该一人有限责任公司不能投资设立新的一人有限责任公司
（2）法人	法人设立一人公司，没有数量、再投资的限制

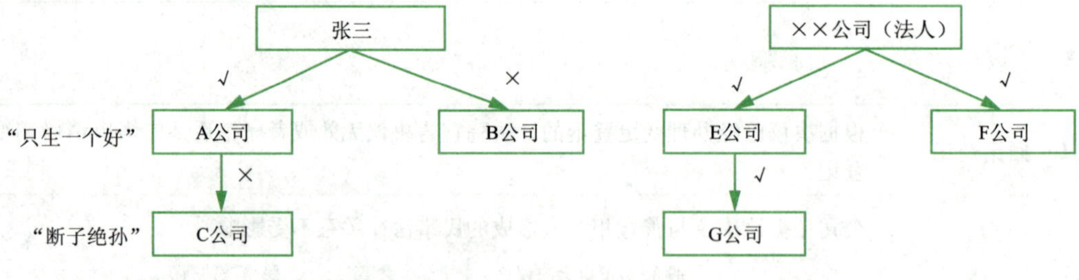

图中A、B、C、E、F、G公司均为一人公司

3. 组织机构

（1）不设股东会	股东作出股东会职权所涉及决定时，应当采用书面形式，并由股东签字后置备于公司
（2）董事会	①可以设立 ②也可以因“股东人数较少”不设立董事会，仅设立执行董事

[1] 答案：B。

续表

（3）监事会	①可以设立 ②也可以因“股东人数较少”不设立监事会，仅设立 1 ~ 2 名监事

4. 法人人格否认制度（举证责任倒置）：一人公司的股东不能证明公司财产独立于股东自己的财产的，应当对公司债务承担连带责任。

5. 一人公司为其股东提供担保的效力

（1）可以由唯一的股东作出决议，无须回避。

（2）公司因承担担保责任导致无法清偿其他债务，提供担保时的股东不能证明公司财产独立于自己的财产，该股东对其他债权人承担连带责任。

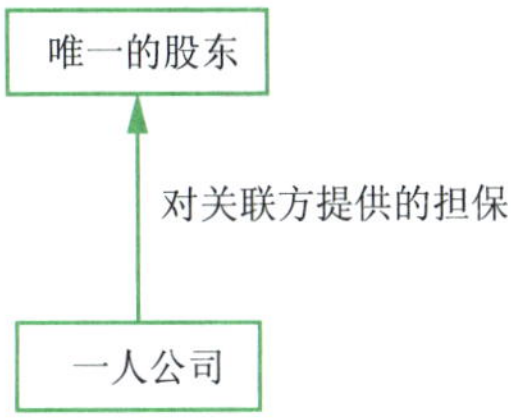

第四节　股份有限公司

一、股份公司的设立

1. 发起设立	发起人认购公司应发行的全部股份（100%）
2. 募集设立	由发起人认购公司应发行股份的一部分，其余股份向社会公开募集或者向特定对象募集而设立公司 （1）发起人至少认购 35% （2）实缴出资 + 验资
3. 公司类型	（1）有限公司：只能发起设立 （2）股份公司：发起设立 + 募集设立

二、股份公司的组织机构

1. 股东大会

—	股东会（有限公司）	股东大会（股份公司）
定期会议	章程规定	1 年 1 次
临时会议	（1）代表 1/10 以上表决权的股东 （2）1/3 以上的董事	（1）董事会人数不足《公司法》规定人数（ <5 人）或者公司章程所定人数的 2/3 时 $\left(<\frac{2}{3}n\right)$ （2）公司未弥补亏损达实收股本总额 1/3 （以上两项：人事、资产重大变化）

续表

—	股东会（有限公司）	股东大会（股份公司）
临时会议	（3）监事会或者不设监事会的公司的监事提议的	（3）单独或者合计持有公司10%以上股份的股东请求时 （4）董事会认为必要时 （5）监事会提议召开时 （特定主体认为必要） 应当在2个月内召开临时股东大会
表决权	按出资比例行使，章程另有规定的除外	所持每一股份有一表决权
决议程序	（1）一般决议：表决规则章程决定 （2）特别决议：经代表2/3以上表决权的股东通过	（1）一般决议，经出席会议的股东所持表决权过半数通过 （2）特别决议：经出席会议股东所持表决权的2/3以上通过

2. 董事会

—	有限公司	股份公司
必要性	非必须，可设立执行董事替代	必须设立
人数	3～13人	5～19人
（副）董事长产生	章程规定	董事会全体董事过半数选举产生
议事规则	法律规定外，章程规定	（1）表决规则 ①全体董事过半数出席 ②表决1人1票 ③决议经全体董事的过半数通过 ④不能出席的，可以委托其他董事 （2）董事免责制度 ①参与决议的董事应当对董事会的决议承担责任 ②经证明在表决时曾表明异议并记载于会议记录的，可以免除责任

3. 监事会

—	有限公司	股份公司
必要性	可以不设立，而设立1～2名监事	必须设立，不得少于3人

三、股份公司的股份转让

1. 原则：不区分对内转让还是对外转让，均不受限制，原股东无优先购买权。
2. 特定主体股份转让的限制

一年	（1）发起人持有的本公司股份，自公司成立之日起 1 年内不得转让
	（2）公开发行股份前已发行的股份，股票上市之日起 1 年内不得转让
	（3）董事、监事、高级管理人员每年转让的股份不得超过其所持股份总数的 25%
	（4）董事、监事、高管持有的股份自股票上市之日起 1 年内不得转让
半年	（1）董事、监事、高级管理人员离职半年内不得转让其所持有的本公司股份
	（2）上市公司的董事、监事、高级管理人员、持有股份比例超过 5% 的人员不得在半年内倒买倒卖
章程可以对董事、监事、高级管理人员转让其所持有的本公司股份作出其他限制性规定	

3. 收购自己公司股份的限制★★

（1）股份公司不得收购本公司的股票，但是有下列情形之一的除外

情形	决议机构	处理方式
①减少公司注册资本	股东大会	10 日内注销
②与持有本公司股份的其他公司合并		6 个月内转让或注销
③股东因对股东大会作出的公司合并、分立决议持异议，要求公司收购其股份的	—	6 个月内转让或注销
④将股份用于员工持股计划或者股权激励	依照公司章程的规定或者股东大会的授权，经 2/3 以上董事出席的董事会会议决议	A. 公司合计持有的本公司股份数不得超过本公司已发行股份总额的 10% B. 并应当在 3 年内转让或者注销 C. 上市公司进行回购的，应当通过公开的集中交易方式进行
⑤将股份用于转换上市公司发行的可转换为股票的公司债券		
⑥上市公司为维护公司价值及股东权益所必需[1]		

（2）公司不得接受本公司的股票作为质押权的标的。

（3）公司持有的本公司股份没有表决权。

第五节　公司的解散与清算

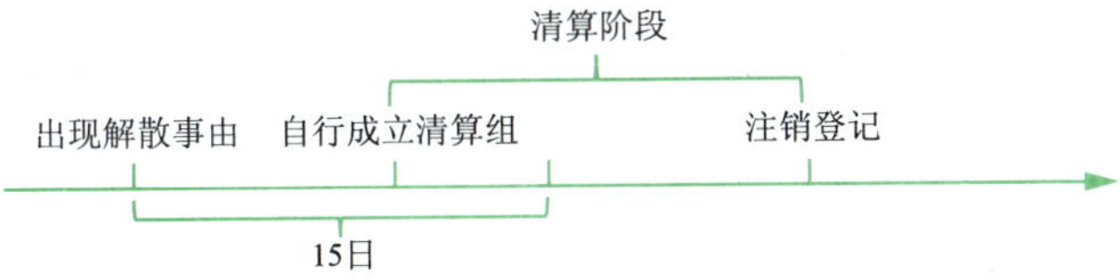

［1］“上市公司为维护公司价值及股东权益所必需”是指：A. 公司股票收盘价格低于最近一期每股净资产；B. 连续 20 个交易日内公司股票收盘价格跌幅累计达到 30%；C. 中国证监会规定的其他条件。

一、公司解散

（一）解散原因

1	公司章程规定的营业期限届满或者公司章程规定的其他解散事由出现
2	股东会或者股东大会决议解散
3	因公司合并或者分立需要解散
4	依法被吊销营业执照、责令关闭或者被撤销
5	司法解散（法院依照《公司法》第182条的规定予以解散）

（二）股东请求法院解散公司——公司僵局的解决途径——司法解散制度★★★

1. 基本规定	公司经营管理发生严重困难，继续存续会使股东利益受到重大损失，通过其他途径不能解决的，持有公司全部股东表决权10%以上的股东，可以请求人民法院解散公司
2. 经营管理严重困难的认定	（1）经营管理严重困难的情形 ①公司连续2年以上无法召开股东（大）会 ②股东表决时无法达到法定或规定比例，持续2年以上不能作出有效的股东（大）会决议 ③公司董事长期冲突，且无法通过股东（大）会解决 ④其他
	（2）不予受理的情形 ①知情权或利润分配请求权等权益受到损害 ②公司亏损、财产不足以偿还全部债务 ③公司被吊销企业法人营业执照未进行清算等 为由提起解散公司诉讼的
3. 原告	持有公司全部股东表决权10%以上的股东
4. 被告	公司
5. 其他股东	（1）原告提起解散公司诉讼应当告知其他股东，或者由人民法院通知其参加诉讼 （2）其他股东或者有关利害关系人申请以共同原告或者第三人身份参加诉讼的，人民法院应予准许
6. 注重调解	（1）当事人协商同意由公司或者股东收购股份，或者以减资等方式使公司存续，且不违反法律、行政法规强制性规定的，法院应予支持 （2）经法院调解公司收购原告股份的，公司应当自调解书生效之日起6个月内将股份转让或者注销 （3）股份转让或注销前，原告不得以公司收购其股份为由对抗公司债权人

二、清算

（一）概念

1	清算是公司已经出现解散事由，了结其全部债权债务、业务，终结公司的一切法律关系，处理公司剩余财产的程序
2	除公司因合并或分立导致的解散，以及因破产适用破产清算程序外，因其他原因解散的公司都应当进行清算
3	清算期间，公司仍然存续，但不得开展与清算无关的经营活动

（二）分类

1. 自行清算	（1）时间：公司应当在解散事由出现之日起 15 日内成立清算组，开始自行清算 （2）清算组的组成 ①有限公司：由股东组成 ②股份公司：由董事或者股东大会确定的人员组成
2. 法院指定清算（强制清算）★	（1）适用的情形 下列情形之一，债权人、公司股东、董事或其他利害关系人申请人民法院指定清算组进行清算的，人民法院应予受理： ①公司解散逾期不成立清算组的 ②清算组故意拖延清算的 ③违法清算可能严重损害债权人或者股东利益的 （2）清算组的组成 清算组成员可以从下列人员或者机构中产生： ①公司股东、董事、监事、高级管理人员 ②律师事务所、会计师事务所、破产清算事务所等社会中介机构 ③上述社会中介机构中具备相关专业知识并取得执业资格的人员

（三）清算方案

1. 清算组制定清算方案。

2. 清算方案的确认

（1）公司自行清算的，清算方案应当报股东（大）会确认。

（2）人民法院组织清算的，清算方案应当报人民法院确认。

3. 未经确认的清算方案，清算组不得执行。

（四）清算转破产

清算组发现公司财产不足以清偿债务的，应当向法院申请宣告破产。

（五）分配顺序

1	清算费用
2	职工工资、社会保险费用和法定补偿金
3	欠缴的税款
4	清偿公司债务（债权人）
5	向股东分配剩余财产（有限公司按照股东的出资比例分配，股份公司按照股东持有的股份比例分配）

【公司法的体系 3】

有限公司与股份公司的比较

<table>
<tr><th colspan="3">比较方面</th><th>有限公司</th><th>股份公司</th></tr>
<tr><td colspan="3">（1）股本是否拆分</td><td>不等额拆分</td><td>等额拆分</td></tr>
<tr><td colspan="3">（2）权益流动性</td><td>流动性弱</td><td>流动性强</td></tr>
<tr><td colspan="3">（3）规模大小</td><td>规模相对较小</td><td>规模相对较大</td></tr>
<tr><td colspan="3">（4）监管态度</td><td>灵活运行，章程自治</td><td>严格监管，规范运行</td></tr>
<tr><td rowspan="6">流动性及信用来源</td><td colspan="2">总体情况</td><td>股权弱流动性——封闭性——人合性</td><td>股份强流动性——开放性——资合性</td></tr>
<tr><td colspan="2">（1）股权/股份转让</td><td>对内转让自由
对外，征得其他股东过半数同意
其他股东有优先购买权</td><td>不区分对内对外，均自由
仅对特定主体，在特殊阶段有限制
其他股东无优先购买权</td></tr>
<tr><td colspan="2">（2）增资时的优先认购权</td><td>按照实缴比例，优先认购</td><td>无优先认购权</td></tr>
<tr><td colspan="2">（3）异议回购请求权</td><td>①公司连续 5 年不向股东分配利润，而公司该 5 年连续盈利，且符合公司法规定的分配利润条件
②公司合并、分立、转让主要财产
③营业期限届满或者章程规定的其他解散事由出现，股东会会议通过决议修改章程使公司存续的</td><td>股东对公司合并、分立持有异议</td></tr>
<tr><td colspan="2">（4）代表诉讼主体</td><td>任意股东</td><td>连续 180 日以上持股超过 1%</td></tr>
<tr><td colspan="2">（5）股东（大）会召集主持主体</td><td>1/10 以上表决权的股东</td><td>连续 90 日以上持股超过 10% 的股东</td></tr>
<tr><td rowspan="9">规模及监管态度</td><td colspan="2">设立方式</td><td>发起设立</td><td>发起设立 + 募集设立</td></tr>
<tr><td rowspan="4">股东相关</td><td>（1）股东人数</td><td>1 ~ 50 人</td><td>2 人以上</td></tr>
<tr><td>（2）发起人</td><td>1 ~ 50 人</td><td>2 ~ 200 人</td></tr>
<tr><td>（3）股东知情权</td><td>查阅 + 复制；查阅会计账簿</td><td>只能查阅，不能复制；无查账权</td></tr>
<tr><td>（4）特别决议事项</td><td>全体股东所持表决权 2/3 以上</td><td>出席会议股东所持表决权 2/3 以上</td></tr>
<tr><td rowspan="4">法人治理结构</td><td>（1）机构设置</td><td>股东人数较少/规模较小，可以不设立董事会/监事会</td><td>必须三会齐全</td></tr>
<tr><td>（2）董事会人数</td><td>3 ~ 13 人</td><td>5 ~ 19 人</td></tr>
<tr><td>（3）董事长产生</td><td>章程规定</td><td>全体董事过半数选举产生</td></tr>
<tr><td>（4）董事会会议</td><td>定期章程规定</td><td>每年至少两次定期会议</td></tr>
</table>

续表

比较方面		有限公司	股份公司
规模及监管态度	特殊情形	一人公司，只有一个自然人股东或法人股东	上市公司，独立董事、董秘、关联董事回避制度 1年内30%特别决议事项

【归纳总结】

公司法中的重要比例

1%	代表诉讼：股份公司中连续持股时间180日，单独或合计持股比例1%以上的股东可提起代表诉讼
3%	股份公司中股东大会的提案权
5%	（1）上市公司董事、监事、高级管理人员、持股比例5%以上的股东，不得进行短线交易 （2）上市公司股份收购，首次达到5%，应当进行信息披露 （3）收购上市公司股份达到5%后，每增加或减少5%，应当进行信息披露
10%	（1）临时股东（大）会提议权 （2）董事会、监事不履行或不能履行股东（大）会召集职责时，自行召集主持会议的权利 （3）股份公司回购股份开展员工持股计划/兑换可转债/维护公司价值、股东权益，最高回购已发行股份的10% （4）公司经营管理严重困难，10%以上表决权的股东有权请求法院解散公司 （5）债权人对债务人提出破产清算申请，法院受理后，出资额占10%以上的出资人有权申请将清算转为重整
25%	（1）股份公司董事、监事、高级管理人员每年转让股份不得超过其所持有股份的25% （2）上市公司公开发行的股份不得低于其股份总额的25%（总股本在4亿股以内的）
30%	（1）上市公司要约收购线 （2）上市公司1年内出售重大资产/购买重大资产/担保金额超过资产总额30%的经股东大会出席会议的股东2/3以上表决权通过
34%	67%（2/3）的对立面，重大事项的一票否决权
35%	募集设立股份公司中，发起人最低出资比例；一票否决权
49%和51%	股份公司股东大会一般事项经出席会议的股东所持表决权过半数通过
67%	2/3，特别决议事项股东（大）会2/3以上表决通过
100%	全资子公司、一人公司

第二章 合伙企业法

合伙企业是全体合伙人共同出资、共同经营、共负盈亏、共担风险，建立在合伙协议基础上的非法人企业。

一、设立条件

（一）合伙人	1. 人数：2人以上 2. 合伙人是自然人的：完全民事行为能力 3. 不能成为普通合伙人的主体 国有独资公司、国有企业、上市公司以及公益性的事业单位、社会团体
（二）出资	1. 认缴/实缴 2. 劳务出资：普通合伙人可以劳务出资，评估办法协商确定 3. 非货币财产出资：价值由全体合伙人协商或评估机构评估
（三）合伙协议	1. 书面形式 2. 合伙协议经全体合伙人签名、盖章后生效 3. 修改或者补充合伙协议，应当经全体合伙人一致同意；但是，合伙协议另有约定的除外 4. 仅具有内部效力
（四）有合伙企业的名称和生产经营场所	合伙企业名称中应当标明“普通合伙”字样

二、财产份额的处分

—	事项		规则
1	主动转让	对内	应当通知其他合伙人
		对外	（1）须经其他合伙人一致同意 （2）同等条件下，其他合伙人有优先购买权；但是，合伙协议另有约定的除外
2	强制执行		（1）优先购买权：法院强制执行合伙人的财产份额时，应当通知全体合伙人，其他合伙人有优先购买权 （2）退伙/削减份额的结算：其他合伙人未购买，又不同意将该财产份额转让给他人的，为该合伙人办理退伙结算，或者办理削减该合伙人相应财产份额的结算

续表

—	事项	规则
3	继承	按照合伙协议的约定或者经全体合伙人一致同意，从继承开始之日起，取得该合伙企业的合伙人资格
4	质押	（1）须经其他合伙人一致同意 （2）未经一致同意，行为无效，由此给善意第三人造成损失的，由行为人依法承担赔偿责任

三、合伙企业的决议与事务执行

（一）合伙人会议的决议

1. 表决规则：有约定从约定；无约定，一人一票。
2. 一般事项：过半数通过。
3. 一致同意事项★★★

变更	（1）改变名称	（2）改变经营范围、主要经营场所地点	（3）修改或者补充合伙协议
处分	（4）处分不动产	（5）处分知识产权	—
招新	（6）聘任合伙人以外的人担任经营管理人员	（7）吸收新的合伙人	—
其他	（8）以企业名义为他人担保	（9）合伙人与企业自我交易	（10）合伙人增加或减少出资
	（11）普通合伙人与有限合伙人身份变更	—	—

（二）合伙事务的执行★★★

1. 共同参与	合伙人对执行合伙事务享有同等的权利
2. 部分执行	（1）按照合伙协议的约定或者经全体合伙人决定，可以委托部分合伙人对外代表合伙企业，执行合伙事务 （2）其他合伙人不再执行合伙事务。不执行合伙事务的合伙人有权监督执行事务合伙人执行合伙事务的情况
3. 异议权	（1）合伙人分别执行合伙事务的，执行事务合伙人可以对其他合伙人执行的事务提出异议 （2）提出异议时，应当暂停该项事务的执行
4. 撤销委托	受委托执行合伙事务的合伙人不按照合伙协议或者全体合伙人的决定执行事务的，其他合伙人可以决定撤销该委托

续表

5. 限制的外部效力	合伙企业对合伙人执行合伙事务以及对外代表合伙企业权利的限制，不得对抗善意第三人
6. 外聘经营管理人员	（1）除合伙协议另有约定外，经全体合伙人一致同意，可以聘任合伙人以外的人担任合伙企业的经营管理人员 （2）权限 ①被聘任的合伙企业的经营管理人员应当在合伙企业授权范围内履行职务 ②被聘任的合伙企业的经营管理人员，越权/因故意、重大过失给合伙企业造成损失的，承担赔偿责任

四、合伙人的义务

—	普通合伙人	公司董事、高级管理人员
竞业禁止	绝对禁止：不得自营或者与他人合作经营与本合伙企业相竞争的业务	相对禁止
自我交易	相对禁止：未经全体合伙人同意，合伙协议也没有约定，不得与本合伙企业进行交易	相对禁止

五、利润分配与亏损承担

（一）一般规则	约定优先→协商确定→按实缴出资比例→平均
（二）禁止规定	1. 合伙协议不得约定将全部利润分配给部分合伙人或者由部分合伙人承担全部亏损 2. 此类约定无效

六、合伙企业与第三人关系

（一）合伙企业的债务

1. 合伙企业清偿 → 2. 不足部分 合伙人承担无限连带责任 → 3. 合伙人之间，内部追偿 约定——协商——出资比例——平均

（二）合伙人的债务

1. 清偿规则

自有财产清偿 → 以从合伙企业中分取的收益用于清偿/债权人请求法院强制执行合伙人在合伙企业中的财产份额

2. 禁止抵销与禁止代位

（1）禁止抵销	合伙人发生与合伙企业无关的债务，相关债权人不得以其债权抵销其对合伙企业的债务
（2）禁止代位	也不得代位行使合伙人在合伙企业中的权利

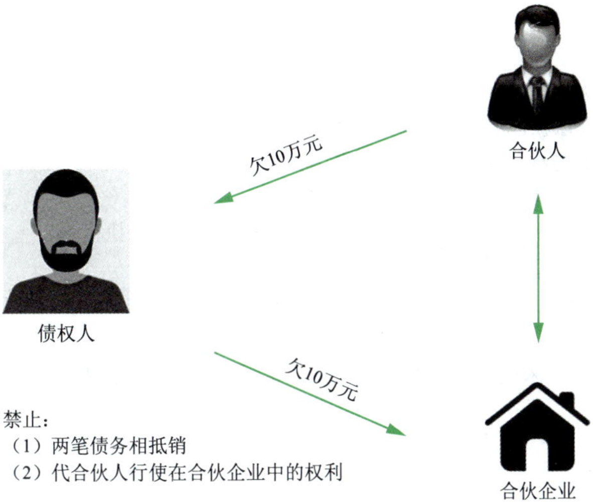

七、普通合伙企业的入伙与退伙

（一）入伙

1. 条件与程序：

（1）除合伙协议另有约定外，经全体合伙人一致同意，订立书面入伙协议。

（2）订立入伙协议时，原合伙人应当向新合伙人如实告知原合伙企业的经营状况和财务状况。

2. 责任承担

★新合伙人对入伙前合伙企业的债务承担无限连带责任。

（二）退伙

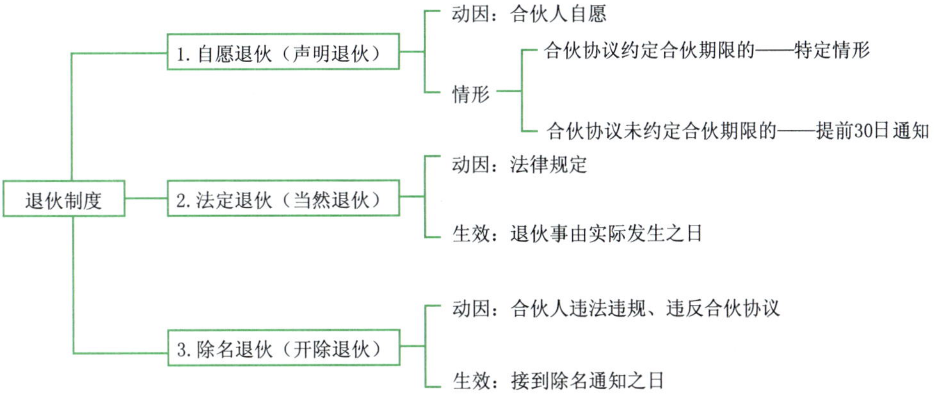

1. 自愿退伙

约定合伙期限	（1）协议约定的退伙事由出现 （2）全体合伙人一致同意退伙 （3）发生合伙人难以继续参加合伙的事由 （4）其他合伙人严重违反合伙协议约定的义务
未约定经营期限	无理由限制，不给合伙事务执行造成不利影响的情况下，提前 30 日通知，可退伙

2. 当然退伙

（1）情形	①作为合伙人的自然人死亡或者被依法宣告死亡 ②个人丧失偿债能力 ③依法被吊销营业执照、责令关闭、撤销，或者被宣告破产 ④合伙人必须具有相关资格而丧失该资格 ⑤合伙人在合伙企业中的全部财产份额被人民法院强制执行 ⑥丧失完全民事行为能力 A. 经其他合伙人一致同意，可以依法转为有限合伙人，普通合伙企业依法转为有限合伙企业 B. 其他合伙人未能一致同意的，该无民事行为能力或者限制民事行为能力的合伙人退伙
（2）生效	退伙事由实际发生之日为退伙生效之日

3. 除名退伙

（1）情形	①未履行出资义务 ②因故意或者重大过失给合伙企业造成损失 ③执行合伙事务时有不正当行为 ④发生合伙协议约定的事由
（2）生效	对合伙人的除名决议应当书面通知被除名人 被除名人接到除名通知之日，除名生效，被除名人退伙

4. 责任承担

退伙人对基于其退伙前的原因发生的合伙企业债务，承担无限连带责任

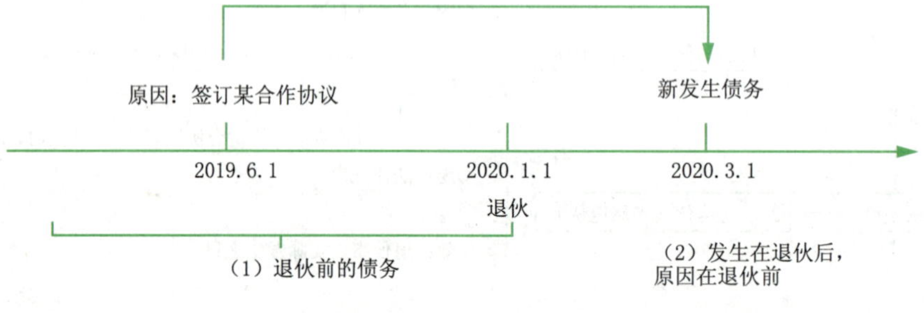

【总结】“阴魂不散”的无限连带责任：新入伙；合伙期间；退伙后；合伙企业注销后、破产后，普通合伙人均承担无限连带责任。

八、特殊的普通合伙企业

（一）特殊的责任承担方式

1. 故意或者重大过失造成企业债务的合伙人，承担无限连带责任，其他合伙人以其在合伙企业中的财产份额为限承担责任。

合伙人对故意或者重大过失造成的合伙企业债务，以合伙企业财产对外承担责任后，该合伙人应当按照合伙协议的约定对给合伙企业造成的损失承担赔偿责任。

(1) 企业偿债

(2) 故意/重大过失的合伙人承担无限连带责任；其他合伙人以其在合伙企业中的财产份额为限承担责任

(3) 捣乱的合伙人对给合伙企业造成的损失承担赔偿责任

2. 非因故意或者重大过失造成的企业债务以及合伙企业的其他债务，由全体合伙人承担无限连带责任。

（二）特殊的行业限制

以专业知识和专门技能为客户提供有偿服务的专业服务机构，可以设立为特殊的普通合伙企业。

【归纳总结】

—		有限公司	普通合伙企业
1	地位	独立法人	非法人
2	责任	股东有限责任 公司独立承担责任	合伙人无限连带责任 合伙企业责任不独立
3	出资	股东不得以劳务出资	普通合伙人可以劳务出资
4	性质	人合 + 资合	人合性
5	表决制度	资本多数决	按人数
6	基础协议	章程 签署：全体 修订：2/3 以上表决权	合伙协议 修订：全体同意
7	事务执行	股东不直接执行	合伙人共同执行/部分执行
8	收益分配	按实缴比例，另有约定除外	约定——协商——实缴比例——平均
9	税负	先税后分	先分后税
10	总体评价	规范	灵活

九、有限合伙企业

（一）概述

—	普通合伙企业	有限合伙企业
1. 人数	≥2 人	2～50 人，有限合伙人、普通合伙人至少各有一个
2. 行为能力	自然人作为合伙人，应当具备完全民事行为能力	有限合伙人无完全民事行为能力要求
3. 偿债能力	要求具备偿债能力	有限合伙人无偿债能力要求
4. 劳务出资	可以劳务出资	有限合伙人不得以劳务出资

（二）有限合伙企业事务的执行

1. 有限合伙人不执行合伙事务，不得对外代表有限合伙企业。

2. 有限合伙人的下列行为，不视为执行合伙事务：

（1）	参与决定普通合伙人入伙、退伙
（2）	对企业的经营管理提出建议
（3）	参与选择承办有限合伙企业审计业务的会计师事务所
（4）	获取经审计的有限合伙企业财务会计报告
（5）	对涉及自身利益的情况，查阅有限合伙企业财务会计账簿等财务资料
（6）	在有限合伙企业中的利益受到侵害时，向有责任的合伙人主张权利或者提起诉讼
（7）	执行事务合伙人怠于行使权利时，督促其行使权利或者为了该企业的利益以自己的名义提起诉讼
（8）	依法为该企业提供担保

（三）责任承担

1. 有限合伙企业中，对于企业债务不能清偿部分：

（1）普通合伙人承担无限连带责任；

（2）有限合伙人以认缴的出资额为限承担有限责任。

2. 表见普通合伙

（1）前提：第三人有理由相信有限合伙人为普通合伙人并与其交易的。

（2）责任：

①对外：该有限合伙人对该笔交易承担与普通合伙人同样的责任。

②内部追偿：有限合伙人未经授权以有限合伙企业名义与他人进行交易，给有限合伙企业或者其他合伙人造成损失的，该有限合伙人应当承担赔偿责任。

（四）有限合伙人的权利、义务

—	普通合伙企业	有限合伙企业/有限合伙人
1. 利润分配	不得将全部利润分配给部分合伙人	
	否则，无效	合伙协议另有约定的除外
2. 亏损承担	不得将全部亏损由部分合伙人承担，若有此类约定，则约定无效	
3. 自我交易	相对禁止（全体合伙人同意）	无该义务 （另有约定的除外）
4. 竞业禁止	绝对禁止	无该义务 （另有约定的除外）
5. 出质财产份额	一致同意，否则无效	可以出质 （另有约定的除外）
6. 对外转让财产份额	除另有约定外，一致同意，合伙人有优先购买权	（1）按照约定对外转让，提前 30 天通知，无优先购买权 （2）有限合伙份额被强制执行时，有优先购买权
7. 合伙人债务清偿	（1）自有财产清偿 → （2）以从合伙企业中分取的收益用于清偿/债权人请求法院强制执行合伙人在合伙企业中的财产份额	

（五）有限合伙人的入伙与退伙

1. 入伙

普通合伙人	有限合伙人
对入伙前的债务，承担无限连带责任	对入伙前的债务，以认缴的出资额为限，承担有限责任

2. 退伙

—	普通合伙人	有限合伙人
（1）丧失偿债能力	是其退伙事由	不得因此要求其退伙
（2）丧失完全民事行为能力	若不能一致同意转为有限合伙人，则当然退伙	不得因此要求其退伙
（3）资格继承	一致同意，或另有约定	当然继承
（4）责任承担	对基于其退伙前的原因发生的合伙企业债务，承担无限连带责任	对基于其退伙前的原因发生的有限合伙企业债务，以其退伙时从有限合伙企业中取回的财产承担责任

（六）合伙人身份的变更

1. 除合伙协议另有约定外，身份变更，须经全体合伙人一致同意。

2. 无限连带责任：身份变更，须对原身份期间的企业债务承担无限连带责任。

（七）有限合伙企业的解散或变更

仅剩有限合伙人的，解散；仅剩普通合伙人的，转为普通合伙企业。

【归纳总结】

普通合伙企业与有限合伙企业

—	普通合伙企业	有限合伙企业
构成	≥2 人，完全行为能力人 公司√（国独 + 国有企业 + 上市公司 + 公益性事业单位 + 社会团体）×	50 人 ≥ n ≥ 2 人；有限合伙人和普通合伙人各至少一个；如只剩有限合伙人或者只剩普通合伙人应当如何认定 有限合伙人，不要求完全行为能力人
出资	可劳务，价值通过协商确定	有限合伙人出资 = 股东，不得以劳务出资
事务执行	同等权利；可约定部分人执行	不执行事务，不对外代表，表见普通合伙
份额转让	对内：通知 对外：其他合伙人一致同意（或按约定）	无对内对外，可按约定转让，提前通知
自我交易	相对禁止	自由
竞业禁止	绝对禁止	自由
出质份额	必须经其他合伙人一致同意，否则无效	自由
利润分配 风险分担	约定→协商→实缴出资→平均	
	“有福同享，有难同当”	可约定“有福不同享”；但“有难一定同当”
责任形式	“阴魂不散”的无限连带责任 入伙　退伙　注销、破产	“一以贯之”的有限责任 入伙　退伙
变身	一致同意，或另有约定；无论怎么变，都要对变身之前的债务承担无限连带责任	

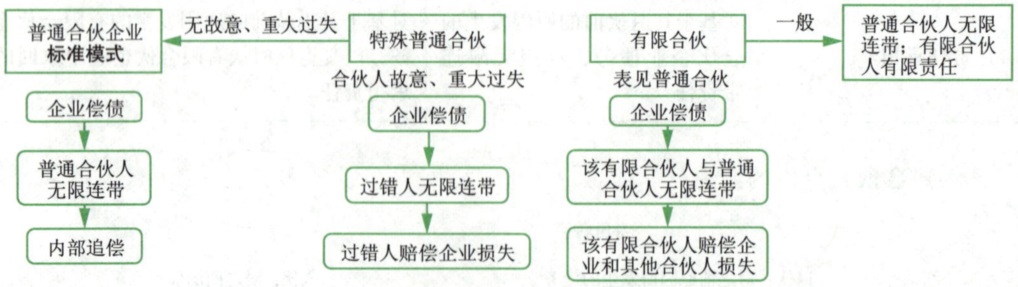

第三章 个人独资企业法

一、概念

中国境内设立，由一个自然人投资，财产为投资人个人所有，投资人以其个人财产对企业债务承担无限责任的经营实体。

—	一人公司	个人独资企业★★★
1. 地位	法人	非法人组织
2. 投资人	自然人或法人	自然人
3. 投资人责任	股东有限责任	投资人以个人财产承担无限责任
4. 财产独立性	公司拥有独立法人财产权	无独立财产，财产属于投资人
5. 税收	缴纳企业所得税，个人股东就投资收益缴纳个人所得税	不缴纳企业所得税，由投资人个人缴纳个人所得税

真 题

关于合伙企业与个人独资企业的表述，下列哪一选项是正确的?[1]（2013 年，单选）

A. 二者的投资人都只能是自然人

B. 二者的投资人都一律承担无限责任

C. 个人独资企业可申请变更登记为普通合伙企业

D. 合伙企业不能申请变更登记为个人独资企业

二、投资人责任

（一）企业责任	投资人对个人独资企业债务承担无限责任 1. 投资人以其个人财产对企业债务承担无限责任 2. 投资人在申请企业设立登记时明确以其家庭共有财产作为个人出资的，应当依法以家庭共有财产对企业债务承担无限责任
（二）分支结构责任	由设立该分支机构的个人独资企业承担
（三）解散后	1. 企业解散后，原投资人对个人独资企业存续期间的债务仍应承担偿还责任 2. 但债权人在 5 年内未向债务人提出偿债请求的，该责任消灭

[1] 答案：C。

第四章 外商投资法

一、概念

外商投资企业是指依照我国法律规定，在我国境内经登记注册设立的，由外国投资者与中国投资者共同投资或者仅由外国投资者投资的企业。

二、促进外商投资的措施

（一）	与内资企业同等适用各项政策
（二）	有权平等参与我国的标准化工作
（三）	公平参与政府采购
（四）	可依法通过公开发行股票、公司债券等证券和其他方式进行融资
（五）	县级以上地方人民政府可以根据法律、行政法规、地方性法规的规定，在法定权限内制定外商投资促进和便利化政策措施

三、外商投资保护制度

（一）征收	1. 国家对外国投资者的投资不实行征收 2. 在特定情况下，为了公共利益的需要，可依法对外国投资者的投资征收或征用 3. 征收、征用应当依法定程序进行，并及时给予公平、合理的补偿
（二）资金自由	外国投资者在中国境内的出资、利润、资本收益、资产处置所得、知识产权许可使用费、依法获得的补偿或赔偿、清算所得等，可依法以人民币或外汇自由汇入、汇出
（三）知识产权保护	1. 行政机关及其工作人员对于知悉的外国投资者、外商投资中企业的商业秘密，应当依法予以保密，不得泄露或非法向他人提供 2. 鼓励基于自愿原则和商业规则开展技术合作 3. 行政机关及其工作人员不得利用行政手段强制转让技术
（四）守信重诺	各地政府及有关部门应当履行向外国投资者、外商投资企业依法作出的政策承诺以及依法订立的各类合同
（五）权益保障	1. 各级政府及有关部门制定涉及外商投资的规范性文件，应当符合法律法规 2. 没有法律、行政法规依据的，不得减损外商投资企业的合法权益或增加其义务，不得设置市场准入和退出条件，不得干预外商投资企业的正常生产经营活动

四、外商投资管理制度

（一）准入前的国民待遇与负面清单制度

1. 负面清单发布主体	国务院发布或者批准发布负面清单
2. 审批与备案	（1）负面清单之外的领域、行业、项目无须审批，由投资者向主管部门申请设立登记，主管部门予以登记备案 （2）负面清单以内的领域、行业或项目，实施审批与行政许可制度，区分禁止、限制外商投资的行业，分类审批与核准
3. 违规处理	（1）投资负面清单规定禁止投资的领域的 ①由有关主管部门责令停止投资活动 ②限期处分股份、资产或采取其他必要措施，恢复到实施投资前的状态 ③有违法所得的，没收违法所得 （2）违反外商投资准入负面清单规定的限制性准入特别管理措施的 ①由有关主管部门责令限期改正，采取必要措施满足准入特别管理措施的要求 ②逾期不改正的，依照“禁止投资领域”相关规定处理

（二）安全审查制度

1. 国家建立外商投资安全审查制度，对影响或可能影响国家安全的外商投资进行安全审查。

2. 依法作出的安全审查决定为最终决定——不存在申请复议或提起行政诉讼的情形。

第五章 证券法

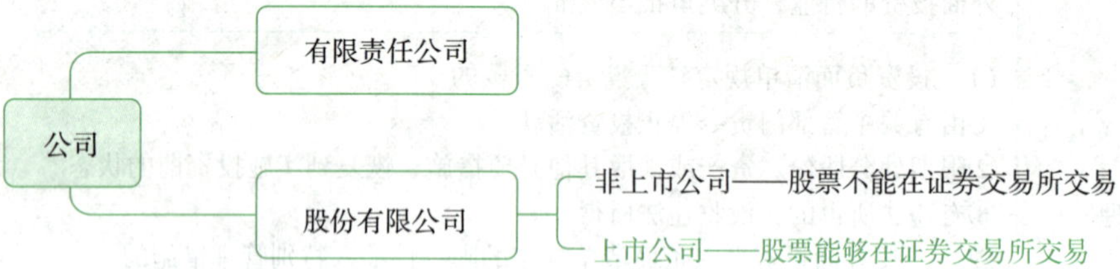

一、证券发行

（一）公开发行★★★

1. 发行方式	公开发行	（1）公开发行方式，是指具备下列情形之一 ①向不特定对象发行证券 ②向特定对象发行证券累计超过 200 人，但依法实施员工持股计划的员工人数不计算在内 ③法律、行政法规规定的其他发行行为 （2）未经依法注册，任何单位和个人不得公开发行证券 （3）证券发行的注册制：先由证券交易所审核，再由证监会注册
	非公开发行	非公开发行证券，不得采用广告、公开劝诱和变相公开方式
2. 发行价格	平价发行	股票发行价格等于股票票面金额，我国允许平价发行
	溢价发行	（1）股票发行价格超过票面金额，我国允许溢价发行 （2）股票发行采取溢价发行的，其发行价格由发行人与承销的证券公司协商确定，无须证监会审批 （3）溢价发行款计入资本公积金
	折价发行	股票发行价格低于票面金额，我国禁止折价发行

（二）证券承销

1. 基本要求	向不特定对象公开发行的证券应当由证券公司承销
2. 分类	包销和代销

续表

3. 规范	（1）证券公司对所代销、包销的证券应当保证先行出售给认购人 （2）不得为本公司预留所代销的证券和预先购入并留存所包销的证券
4. 承销期	承销期限最长不得超过 90 日
5. 发行失败	（1）代销期限届满，向投资者出售的股票数量未达到拟公开发行股票数量 70% 的，为发行失败 （2）发行人应当按照发行价并加算银行同期存款利息返还股票认购人

二、限制和禁止的证券交易行为

（一）对证券机构、证券服务机构人员的限制

主体		限制
1. 证券机构人员 （证券交易所、证券公司、证券登记结算机构等）		不得持有、买卖、接受赠与股票或其他具有股权性质的证券
2. 证券服务机构及人员	为股票发行出具审计报告、资产评估报告或者法律意见书等文件的证券服务机构和人员	在该股票承销期内和期满后 6 个月内，不得买卖该种股票
	为上市公司出具审计报告、资产评估报告或者法律意见书等文件的证券服务机构和人员	自接受上市公司委托之日起至上述文件公开后 5 日内，不得买卖该种股票

（二）上市公司内部人员的限制与禁止行为——禁止短线交易

1. 限制范围	持有 5% 以上股份的股东、董事、监事、高级管理人员持有的股票（包括其配偶、父母、子女持有的及利用他人账户持有的股票）
2. 禁止行为	在买入后 6 个月内卖出，或者在卖出后 6 个月内又买入
3. 后果	（1）由此所得收益归该公司所有，公司董事会应当收回其所得收益 （2）董事会不按照规定执行的，负有责任的董事依法承担连带责任

三、收购上市公司股份要求

（一）上市公司的收购方式（了解）

上市公司收购，是指以获得上市公司控制权为目的，而收购上市公司股份的行为。

上市公司收购分为要约收购和协议收购。

1. 要约收购	（1）通过公开的方式向目标公司的全体股东要约，以高出市价的价格，在较短的时间内，以现金或证券作为对价收购其股票 （2）要约收购的主要对象是广大中小股东
2. 协议收购	（1）收购方通过私下订立合同的方式购买目标公司的股份 （2）协议收购的对象往往是目标公司的大股东

（二）收购中的信息披露★

<table>
<tr><th>时间点</th><th colspan="2">披露要求</th></tr>
<tr><td>1. 达到5%</td><td>（1）时点：投资者持有一个上市公司股份达到5%时
（2）信息披露：应当在该事实发生之日起3日内
①向证监会、交易所作出书面报告
②通知该上市公司
③并予公告
（3）冷静期：上述期限内，不得再行买卖该上市公司的股票</td><td rowspan="2">违反规定买入上市公司有表决权的股份的，在买入后的36个月内，对该超过规定比例部分的股份不得行使表决权</td></tr>
<tr><td>2. 增减5%</td><td>（1）时点：达到5%后，所持股份比例每增加或者减少5%
（2）信息披露：应当依照上述规定进行报告和公告
（3）冷静期：在该事实发生之日起至公告后3日内，不得再行买卖该上市公司的股票</td></tr>
<tr><td>3. 增减1%</td><td colspan="2">（1）时点：达到5%后，所持该股份比例每增加或者减少1%
（2）信息披露：应当在该事实发生的次日通知该上市公司，并予公告</td></tr>
</table>

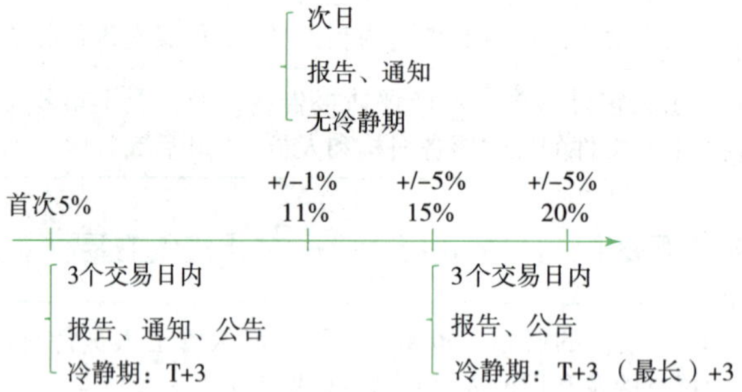

（三）要约收购

1. 30%触发强制要约收购	（1）投资者持有一个上市公司股份达到30% （2）继续进行收购的 （3）应当依法向该上市公司所有股东发出收购要约
2. 要约期限	期限不得少于30日，并不得超过60日
3. 收购要约	（1）在收购要约的有效期限内，收购人不得撤销其收购要约 （2）收购人需要变更收购要约的，不得存在下列情形： ①降低收购价格 ②减少预定收购股份数额 ③缩短收购期限 ④国务院证券监督管理机构规定的其他情形
4. 平等对待	收购要约提出的各项收购条件，适用于被收购公司的所有股东
5. 限制	（1）采取要约收购方式的，收购人在收购期限内，不得卖出被收购公司的股票 （2）不得采取要约规定以外的形式和超出要约的条件买入被收购公司的股票

续表

6. 收购期限届满	(1) 收购期限届满，被收购公司股权分布不符合证券交易所规定的上市交易要求的[1]，该上市公司的股票应当由证券交易所依法终止上市交易 (2) 其余仍持有被收购公司股票的股东，有权向收购人以收购要约的同等条件出售其股票，收购人应当收购
7. 禁售期	收购人持有的被收购的上市公司的股票，在收购行为完成后的 18 个月内不得转让

模拟题

2020 年 2 月起，巨能公司不断在交易所收购欢乐股份公司的股票。2020 年 3 月 1 日，获得欢乐股份公司 5% 的股份，3 月 15 日，继续增持 2.1%。至 8 月巨能公司持股比例为 29%，8 月底，巨能公司拟继续通过证券交易所增持 2% 的股份。巨能公司的目标是获得欢乐公司至少 35% 的股份。对此，下列说法正确的是?[2]（多选）

A. 3 月 1 日，巨能公司应当履行信息披露义务，披露完毕后，即可继续增持

B. 3 月 15 日，巨能公司应当履行信息披露义务，披露完毕后，即可继续增持

C. 8 月底，巨能公司可直接在交易所买入 2% 的股份

D. 巨能公司若要达到 35% 的持股目标，应当开展要约收购

四、信息公开不实的法律责任★★★

1. 情形	信息披露义务人未按照规定披露信息，或者公告的证券发行文件、定期报告、临时报告及其他信息披露资料存在虚假记载、误导性陈述或者重大遗漏，致使投资者在证券交易中遭受损失的	
2. 责任	(1) 信息披露义务人应当承担赔偿责任	无过错责任
	(2) 发行人的控股股东、实际控制人 董事、监事、高级管理人员和其他直接责任人员 保荐人、承销的证券公司及其直接责任人员，应当与发行人承担连带赔偿责任，但是能够证明自己没有过错的除外	过错推定责任

五、代表人诉讼★★★

1. 前提	投资者提起虚假陈述等证券民事赔偿诉讼时，诉讼标的是同一种类，且当事人一方人数众多的，可以依法推选代表人进行诉讼
2. 一般：登记参加	(1) 可能存在有相同诉讼请求的其他众多投资者的，法院可以发出公告，说明该诉讼请求的案件情况，通知投资者在一定期间内向人民法院登记 (2) 法院作出的判决、裁定，对参加登记的投资者发生效力
3. 特殊：默认参加，明示除外	(1) 投资者保护机构受 50 名以上投资者委托，可以作为代表人参加诉讼 (2) 并为经证券登记结算机构确认的权利人向人民法院登记，但投资者明确表示不愿意参加该诉讼的除外

[1] 一般情况下，上市公司流通股比例不得低于 25%，总股本 4 亿股以上的，流通股比例不低于 10%。

[2] 答案：BD。

第六章 保险法

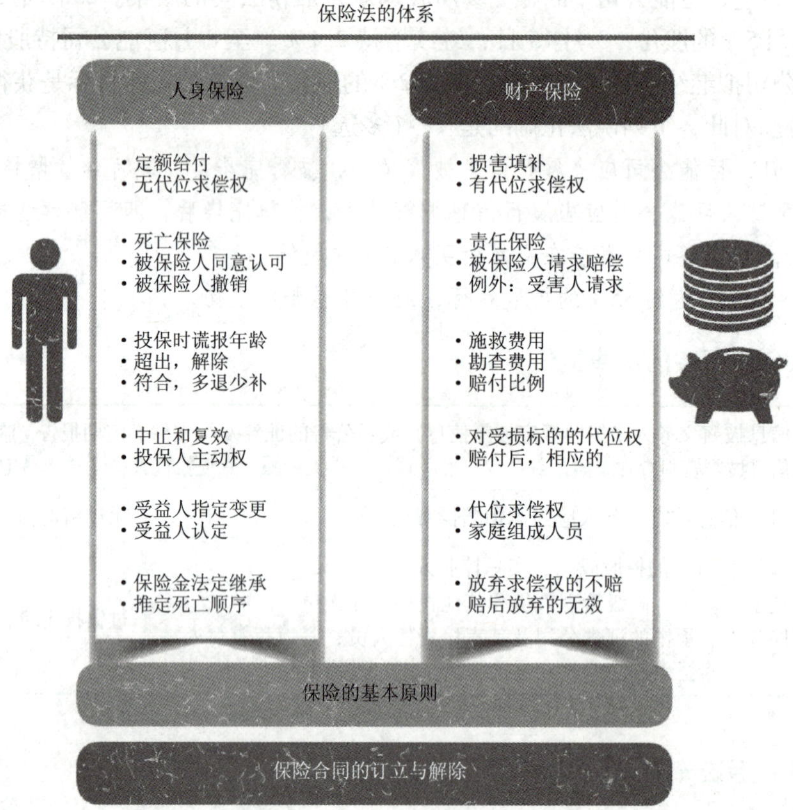

一、保险法概述

（一）基本概念

1. 人身保险：张三花 1 万元给自己的妻子田七买了一份中国人寿的死亡保险，保险合同规定，若张三的妻子田七意外死亡，中国人寿将支付给张三夫妇的孩子张小三 10 万元。

投保人		被保险人		保险人	
受益人		保险费		保险金	

张小三享有保险金请求权。

2. 财产保险：王五的汽车价值 20 万元，花 5000 元在平安保险给汽车买了一份财产险：

约定若汽车遭遇事故，保险公司最多可赔 20 万元。后王五遭遇交通事故，造成车辆损失 10 万元，保险公司向王五支付 10 万元。

投保人		被保险人		保险人	
保险价值	20 万元	保险金额	20 万元足额	保险金	10 万元
			10 万元不足额		

（1）无受益人，被保险人有保险金请求权。

（2）保险金额是指保险人承担赔偿或者给付保险金责任的最高限额。

（3）保险价值是指投保人和保险人约定保险标的的价值或者保险事故发生时保险标的的实际价值。

（4）保险金额/保险价值 = 保险金/损失。

（二）保险利益原则

概念	保险利益是指投保人或者被保险人对保险标的具有的法律上承认的利益	
类型	人身保险	财产保险
保险利益要求★★★	投保人对被保险人 在保险合同订立时，应当具有保险利益（法院主动审查）	被保险人对保险标的的 在保险事故发生时，应当具有保险利益
后果	若订立时无保险利益，保险人不得承保 若已承保的，合同无效，保险人扣除手续费后，应退还保费	若事故发生时无保险利益，则被保险人不得请求赔偿
对象	投保人对下列人员具有人身保险利益 1. 本人 2. 配偶、子女、父母 3. 前述以外与投保人有抚养、赡养或者扶养关系的家庭其他成员、近亲属 4. 与投保人有劳动关系的劳动者 5. 被保险人同意投保人为其订立合同的，视为投保人对被保险人具有保险利益	合法性、确定性、经济性

（三）投保人的最大诚信义务（如实告知义务）★★

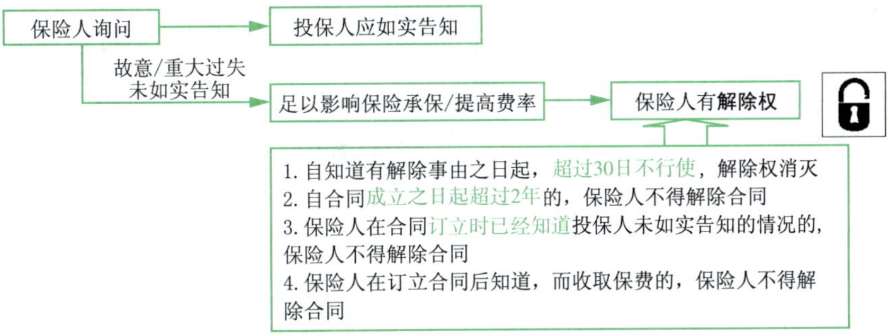

笔记：三十已经满两年，订立知道仍收费。

1. 如实告知的范围	投保人的告知义务限于保险人询问的范围和内容
2. 特殊规定	保险人以投保人违反了对投保单询问表中所列概括性条款的如实告知义务为由请求解除合同的，人民法院不予支持
3. 未如实告知的后果	（1）故意的，不赔，不退 （2）重大过失的，不赔，应退
4. 拒绝赔偿必先行使解除权	保险人未行使合同解除权，直接以投保人未履行如实告知义务为由拒绝赔偿的，人民法院不予支持。但当事人就拒绝赔偿事宜及保险合同存续另行达成一致的情况除外 （1）投保人未如实告知 →（2）保险人解除合同受到四个限制 →（3）拒绝赔偿 √ （1）投保人未如实告知 →（2）保险人未解除 →（3）直接拒绝赔偿 ×

真 题

2020 年 1 月，汪某陪丈夫刘某去体检，体检报告单上关于甲状腺的描述为："表面未见明显异常，边缘呈锯齿状，疑似有结节状，建议定期复诊"。2020 年 3 月，汪某为刘某在某保险公司投保医疗健康险。在健康告知部分，询问表中写明："被保险人是否有息肉、肿瘤、结节等疾病?"，汪某填了"否"。2021 年刘某患甲状腺癌，申请理赔。对此，下列说法正确的是?[1]（2022 年真题网络回忆版，单选）

A. 因为保险公司没有明确询问被保险人是否有甲状腺疾病，保险公司承担保险责任

B. 保险公司有权以重大误解为由撤销合同，并退还保险金

C. 汪某故意未如实告知，保险公司有权拒绝赔偿

D. 汪某因重大过失未如实告知，保险公司可以解除合同并退还保费

5. 投保时谎报年龄

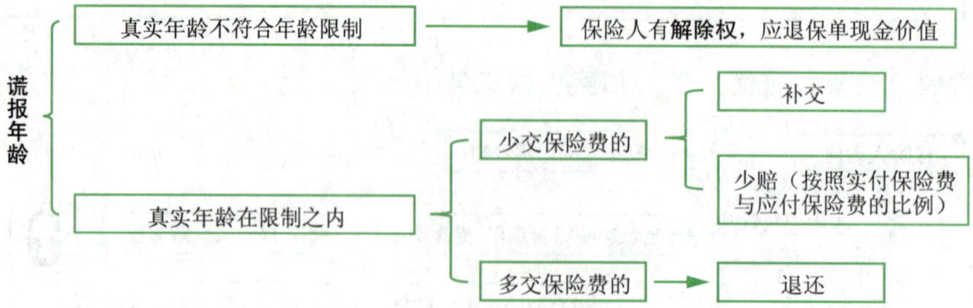

〔1〕答案：D。

真　题

2007年7月，陈某为其母投保人身保险时，为不超过保险公司规定的承保年龄，在申报被保险人年龄时少报了两岁。2009年9月保险公司发现了此情形。对此，下列哪些选项是正确的?[1]（2010年改编，单选）

A. 保险公司有权解除保险合同，但需退还投保人已交的保险费

B. 保险公司无权解除保险合同

C. 如此时发生保险事故，保险公司不承担给付保险金的责任

D. 保险人有权要求投保人承担违约责任

（四）保险欺诈

情形	处理方式
1. 谎称事故	未发生保险事故，被保险人或者受益人谎称发生了保险事故，保险人有权解除合同，并不退还保险费
2. 故意制造保险事故	投保人、被保险人故意制造保险事故的，保险人有权解除合同，不承担赔偿或者给付保险金的责任
3. 编造原因、夸大损失	保险人对真实的损失部分进行赔偿，对虚报的部分不承担赔偿或者给付保险金的责任
上述行为致使保险人支付保险金或者支出费用的，应当退回或者赔偿	

二、人身保险合同

人身保险包括人寿保险、健康保险、人身意外伤害保险。

（一）受益人

1. 概念	人身保险中特有的，享有保险金请求权的主体
2. 指定和变更	受益人由被保险人/投保人指定或变更 但是，如果由投保人指定、变更受益人，则须得到被保险人的同意，否则无效
3. 范围	受益人可以是任何人。受益人不受有无行为能力及保险利益、人数的限制
4. 权利丧失	受益人故意造成被保险人死亡或者伤残、疾病的，或者故意杀害被保险人未遂的，该受益人丧失受益权
5. 保险金的法定继承★★★	被保险人死亡后，在下列情形下，保险金作为被保险人的遗产： （1）没有指定受益人的 （2）受益人先于被保险人死亡，没有其他受益人的 （3）受益人依法丧失受益权或者放弃受益权，没有其他受益人的 受益人与被保险人在同一事件中死亡，且不能确定死亡先后顺序的，推定受益人死亡在先

〔1〕答案：B。

（二）死亡保险的特殊规定

1. 限制	（1）投保人不得为无民事行为能力人投保以死亡为给付保险金条件的人身保险，保险人也不得承保 （2）父母为其未成年子女投保的人身保险，不受上述限制
2. 被保险人同意	以死亡为给付保险金条件的合同，未经被保险人同意并认可保险金额的，合同无效。父母为其未成年子女投保人身保险的除外
3. 被保险人同意的方式	（1）书面形式、口头形式或者其他形式均可 （2）可以在合同订立时作出，也可以在合同订立后追认 （3）有下列情形之一的，应认定为被保险人同意投保人为其订立保险合同并认可保险金额 ①被保险人明知他人代其签名同意而未表示异议的 ②被保险人同意投保人指定的受益人的 ③有证据足以认定被保险人同意投保人为其投保的其他情形
4. 保险单的转让、质押	按照以死亡为给付保险金条件的合同所签发的保险单，未经被保险人书面同意，不得转让或者质押
5. 解约	被保险人以书面形式通知保险人和投保人撤销其同意并认可金额意思表示的，可认定为保险合同解除

（三）特殊的人身保险事故

1. 投保人故意制造保险事故	投保人故意造成被保险人死亡、伤残或者疾病的 （1）保险人不承担给付保险金的责任 （2）投保人已经交足2年以上保险费的，保险人应当按照合同约定向其他享有权利的受益人退还保险单的现金价值 笔记：不赔，交足两年，应退
2. 被保险人自杀	（1）自合同成立或者合同效力恢复之日起2年内，被保险人自杀的，保险人不承担给付保险金的责任，但被保险人自杀时为无民事行为能力人的除外 （2）保险人应当按照合同约定退还保险单的现金价值 笔记：自杀的，两年内，不赔，应退，有例外；两年后，应赔
3. 被保险人故意犯罪	因被保险人故意犯罪或者抗拒依法采取的刑事强制措施导致其伤残或者死亡的 （1）保险人不承担给付保险金的责任 （2）投保人已交足2年以上保险费的，保险人应当按照保险单退还其现金价值 笔记：不赔，交足两年，应退
【陷阱提示】受益人杀害被保险人，仅该受益人丧失受益权，而非保险人不承担责任	

三、财产保险

财产保险，包括财产损失保险、责任保险、保证保险、信用保险等以财产或利益为保险标的的各种保险。

（一）责任保险

<table>
<tr><td>1. 定义</td><td>以被保险人对第三者依法应负的赔偿责任为保险标的的保险</td></tr>
<tr><td>2. 赔付规则</td><td>（1）被保险人对第三者应负的赔偿责任确定的，根据被保险人的请求，保险人应当直接向该第三者赔偿保险金
（2）被保险人怠于请求的，第三者有权就其应获赔偿部分直接向保险人请求赔偿保险金
● 至起诉时，被保险人未请求的，认定为“怠于”
（3）当被保险人未向受损害的第三者赔偿的，保险人不得向被保险人赔偿保险金
①若已向被保险人赔偿的，仍须赔偿第三者
②保险人向第三者赔偿后，可请求被保险人返还相应保险金
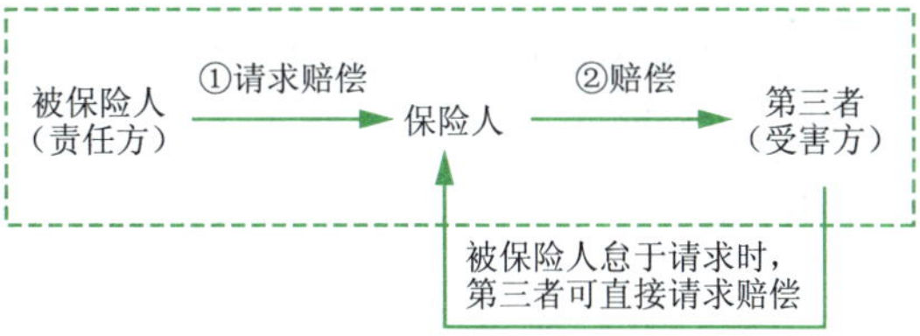
</td></tr>
<tr><td>3. 赔偿范围</td><td>责任保险不能及于被保险人的人身或其财产</td></tr>
<tr><td>4. 诉讼时效</td><td>商业责任险的被保险人向保险人请求赔偿保险金的诉讼时效期间，自被保险人对第三者应负的赔偿责任确定之日起计算</td></tr>
</table>

（二）保险标的转让

1. 通知	（1）保险标的转让的，被保险人或者受让人应当及时通知保险人 （2）被保险人、受让人未履行通知义务的，因转让导致保险标的危险程度显著增加而发生的保险事故，保险人不承担赔偿保险金的责任 （3）通知后，保险人答复前，发生保险事故的，应赔
2. 受让人继受权利义务	保险标的转让的，保险标的的受让人承继被保险人的权利和义务 （1）保险标的已交付，但未变更登记的，承担风险的受让人可主张被保险人的权利 （2）保险人已向投保人履行了保险法规定的提示和明确说明义务，保险人无义务向受让人再次提示
3. 危险程度增加的处理	（1）因保险标的转让导致危险程度显著增加的，保险人自收到保险标的转让的通知之日起 30 日内，可以按照合同约定增加保险费或者解除合同 （2）法院认定保险标的是否构成“危险程度显著增加”时，应当综合考虑以下因素 ①保险标的用途的改变 ②保险标的使用范围的改变 ③保险标的所处环境的变化 ④保险标的因改装等原因引起的变化 ⑤保险标的使用人或者管理人的改变 ⑥危险程度增加持续的时间 ⑦其他可能导致危险程度显著增加的因素 （3）保险标的危险程度虽然增加，但增加的危险属于保险合同订立时保险人预见或者应当预见的保险合同承保范围的，不构成危险程度显著增加

（三）对受损保险标的的代位权

保险人支付保险金后，即获得被保险人所让渡的相应的保险标的的权利。

（四）财产损失险中对第三人的代位求偿权★★

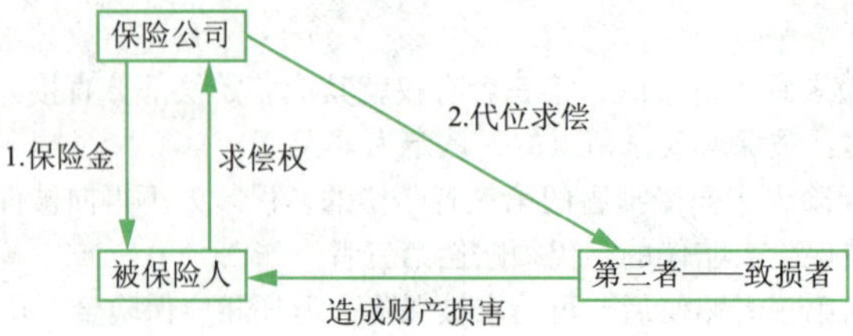

1. 前提	(1) 第三者对保险标的的损害而造成保险事故，且 (2) 保险人已经赔付
2. 行使方式	(1) 保险人以自己的名义，在赔偿金额范围内代位行使被保险人对第三者请求赔偿的权利
	(2) 被保险人已经从第三者取得损害赔偿的，保险人赔偿保险金时，可以相应扣减被保险人从第三者已取得的赔偿金额
	(3) 保险人行使代位请求赔偿的权利，不影响被保险人就未取得赔偿的部分向第三者请求赔偿的权利
3. 代位求偿权的对象	(1) 保险人不得对被保险人的家庭成员或者其组成人员行使代位请求赔偿的权利，除非被保险人的家庭成员或者其组成人员故意造成保险事故 (2) 可以对投保人代位求偿：投保人和被保险人为不同主体，因投保人对保险标的的损害而造成保险事故，保险人可主张代位行使被保险人对投保人请求赔偿的权利
4. 通知	保险人获得代位求偿权 (1) 保险人通知第三者之前，第三者已经向被保险人赔付的，保险人不能代位求偿 (2) 保险人通知第三者之后，第三者仍向被保险人赔付的，保险人仍可代位求偿

（五）代位求偿权的限制

1. 投保前放弃求偿权	保险人不得向该第三人代位求偿
2. 事故后，赔付前放弃	保险人不承担赔偿保险金的责任
3. 赔付后，放弃求偿权	放弃无效
4. 被保险人过错，导致保险人不能行使代位求偿权	保险人有权要求相应扣减或返还相应的保险金

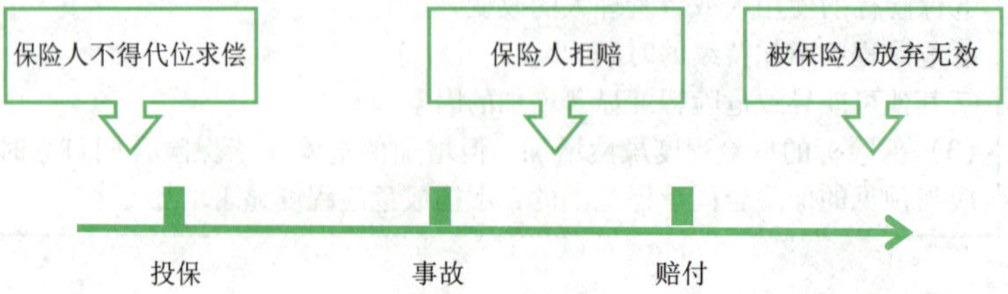

【归纳总结】

—	人身保险	财产保险
1. 保险标的	生命、健康或身体	财产或财产利益
2. 保险利益	投保人对被保险人在保险合同订立时有保险利益，否则不得承保	被保险人对保险标的在保险事故发生时有保险利益，否则不赔
3. 赔付原则	定额给付	损害填补
4. 代位求偿权	无	有

第七章 破产法

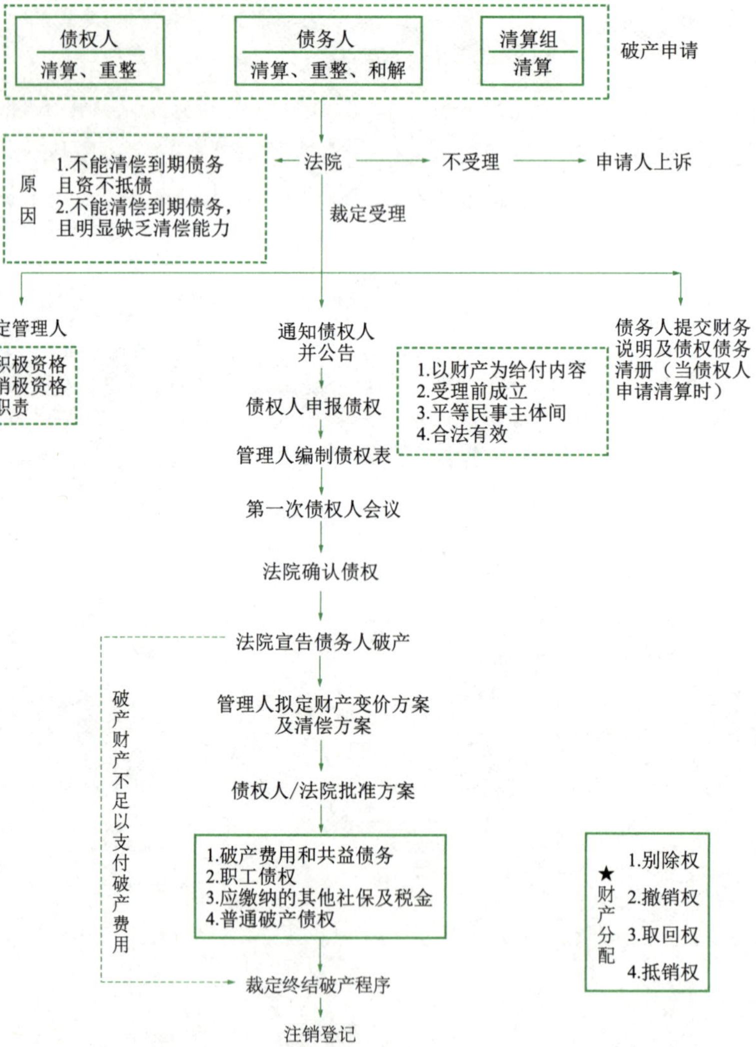

债权人
清算、重整
债务人
清算、重整、和解
清算组
清算
破产申请
法院
不受理
申请人上诉
原因
1.不能清偿到期债务且资不抵债
2.不能清偿到期债务，且明显缺乏清偿能力
裁定受理
指定管理人
1. 积极资格
2. 消极资格
3. 职责
通知债权人并公告
债权人申报债权
管理人编制债权表
第一次债权人会议
法院确认债权
1.以财产为给付内容
2.受理前成立
3.平等民事主体间
4.合法有效
债务人提交财务说明及债权债务清册（当债权人申请清算时）
法院宣告债务人破产
破产财产不足以支付破产费用
管理人拟定财产变价方案及清偿方案
债权人/法院批准方案
1.破产费用和共益债务
2.职工债权
3.应缴纳的其他社保及税金
4.普通破产债权
★财产分配
1.别除权
2.撤销权
3.取回权
4.抵销权
裁定终结破产程序
注销登记

一、概述

（一）三种破产程序（理解）

分类	破产清算	破产重整	破产和解
背景	债务人丧失清偿能力		
主要措施	拆分企业并将其财产变现分配，最终债务人企业的财产全部被变现分配，进而债务人企业被注销	对于可能或已经发生破产原因但又有再建希望的企业，以保留债务人企业的经济生命为出发点，通过引入战略投资人和制定重整计划的方式，进行营业重组和债务清理，盘活企业	由债务人提出和解协议，通常包括债务减免、展期、转股等，由债权人会议表决通过的债务解决方案
评价	简单迅速地消灭债权债务关系，节省债权人的等待时间 但往往使债权人遭受较大损失	若重整成功，将使债权人获得不低于清算的清偿率。同时企业得以生存，伤害较小	若和解成功，企业将继续存续

【注意】首先要确定题目中是何种破产程序，不能默认是破产清算程序。

【归纳总结】三种清算程序

—	公司法		破产法
—	自行清算	指定清算（强制清算）	破产清算
1. 背景	公司出现解散事由，15 天内自行清算	自行清算无法顺利开展（逾期、拖延、违法）	破产原因
2. 清算组/管理人	（1）有限公司由股东组成清算组 （2）股份公司由董事或股东大会确定的人组成清算组	由法院指定人员组成清算组： （1）股东、董监高 （2）中介机构 （3）律师、会计师等	管理人
3. 相互关系	自行清算无法顺利开展，债权人、股东、董事、其他利害关系人向法院申请，开展指定清算		负有清算义务的主体，发现资不抵债，向法院申请宣告破产

（二）破产原因★★★

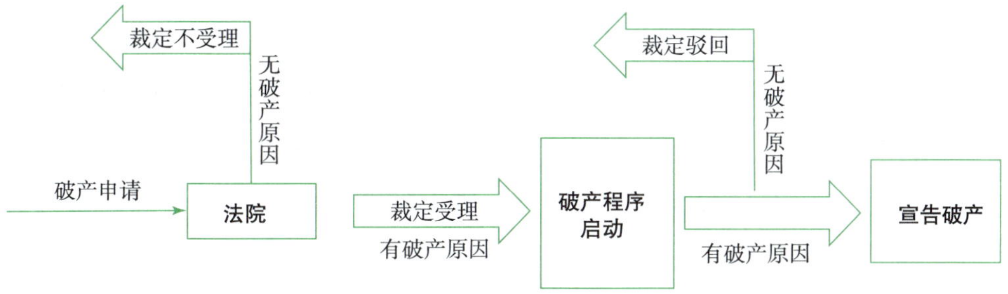

破产原因	适用程序
1. 不能清偿到期债务，并且资产不足以清偿全部债务	清算、重整、和解
2. 不能清偿到期债务，并且明显缺乏清偿能力 债务人账面资产虽大于负债，但存在下列情形之一的，人民法院应当认定其明显缺乏清偿能力： （1）因资金严重不足或者财产不能变现等原因，无法清偿债务 （2）法定代表人下落不明且无其他人员负责管理财产，无法清偿债务 （3）经人民法院强制执行，无法清偿债务 （4）长期亏损且经营扭亏困难，无法清偿债务 （5）导致债务人丧失清偿能力的其他情形	清算、重整、和解

二、破产申请的受理★★★

1	个别清偿无效	债务人对个别债权人的债务清偿无效——由管理人按清偿方案统一清偿
2	保全/执行中止	有关债务人财产的保全措施应当解除，执行程序应当中止
3	停止计息	附利息的债权自破产申请受理时起停止计息
4	受理后的滞纳金不予确认	破产申请受理后，债务人欠缴款项产生的滞纳金，包括债务人未履行生效法律文书应当加倍支付的迟延利息和劳动保险金的滞纳金，债权人作为破产债权申报的，人民法院不予确认
5	应向管理人清偿/返还	（1）债务人的债务人或者财产持有人应当向管理人清偿债务或者交付财产 （2）债务人的债务人或者财产持有人故意违反前款规定向债务人清偿债务或者交付财产，使债权人受到损失的，不免除其清偿债务或者交付财产的义务
6	双方均未履行完毕的双务合同	（1）管理人对破产申请受理前成立而债务人和对方当事人均未履行完毕的合同有权决定解除或者继续履行，并通知对方当事人 （2）管理人自破产申请受理之日起 2 个月内未通知对方当事人，或者自收到对方当事人催告之日起 30 日内未答复的，视为解除合同 （3）管理人决定继续履行合同的，对方当事人应当履行；但是，对方当事人有权要求管理人提供担保。管理人不提供担保的，视为解除合同 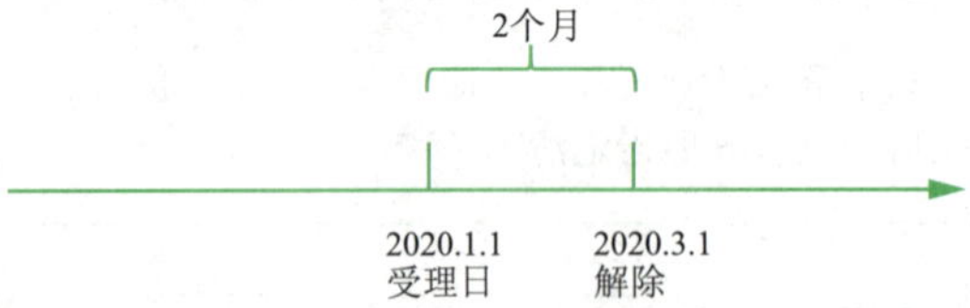
7	诉讼/仲裁中止	（1）已经开始而尚未终结的有关债务人的民事诉讼或者仲裁应当中止 （2）在管理人接管债务人的财产后，该诉讼或者仲裁继续进行
8	诉讼集中管辖	（1）法院受理破产申请后，有关债务人的民事诉讼，只能向受理破产申请的法院提起 （2）但双方签订仲裁协议/条款的，依然仲裁 **【陷阱提示】** 受理前的案件，不适用集中管辖

三、破产中的治理结构

（一）管理人

<table>
<tr><td>产生</td><td colspan="2">1. 法院指定产生：法院裁定受理破产申请的，应当同时指定管理人
2. 管理人辞去职务应当经人民法院许可
3. 管理人要接受债权人会议和债权人委员会的监督
4. 更换
债权人会议认为管理人不能依法、公正执行职务或者有其他不能胜任职务情形的，可以申请法院予以更换</td></tr>
<tr><td rowspan="4">管理人的资格</td><td>积极资格</td><td>1. 清算组。清算组可担任管理人
2. 中介机构。如：律师事务所
3. 个人。个人担任管理人的，应当参加执业责任保险</td></tr>
<tr><td>消极资格</td><td>1. 因故意犯罪受过刑事处罚（不包含过失犯罪）
2. 曾被吊销相关专业执业证书
3. 与本案有利害关系
4. 法院认为不宜担任管理人的其他情形</td></tr>
<tr><td>对债务人财产的管理</td><td>1. 接管债务人的财产
2. 调查债务人财产状况，制作财产状况报告
3. 管理和处分债务人的财产
4. 对债务人在破产程序前的不正当财产处分行使撤销权和追回权
5. 在破产宣告后，拟订破产变价方案
6. 拟订和执行破产分配方案</td></tr>
<tr><td>对债务人经营管理权的接管</td><td>1. 接管债务人印章和账簿、文书等资料
2. 决定债务人的内部管理事务
3. 决定债务人的日常开支和其他必要开支
4. 在第一次债权人会议召开之前，决定继续或者停止债务人的营业
5. 代表债务人参加诉讼、仲裁或者其他法律程序
6. 提议召开债权人会议
7. 接受债权申报、调查职工债权和编制债权表
8. 决定待履行合同的解除或继续履行
9. 破产程序终结时，办理破产人的注销登记
10. 其他</td></tr>
</table>

（二）债权人会议

1. 性质和组成

<table>
<tr><td>性质</td><td colspan="2">全体债权人参加破产程序并集体行使权利的决议机构</td></tr>
<tr><td rowspan="2">组成</td><td>(1)</td><td>第一次债权人会议：依法申报债权的债权人均有权参加
后续债权人会议：债权确认的债权人有权参加</td></tr>
<tr><td>(2)</td><td>应当有债务人的职工和工会代表参加，对有关事项发表意见</td></tr>
</table>

2. 表决规则——双重多数决

<table>
<tr><td>（1）一般事项
1/2 +1/2</td><td colspan="2">由出席会议的有表决权的债权人过半数通过，并且其所代表的债权额占无财产担保债权总额的 1/2 以上</td></tr>
<tr><td rowspan="2">（2）特别事项
1/2 +2/3</td><td>重整</td><td>①分组表决：有财产担保的债权人；职工债权人；税务债权人；普通债权人（必要时，设立小额债权人组）；涉及出资人利益调整的，设立出资人组
②通过标准：出席会议的同一表决组的债权人过半数同意重整计划草案，并且其所代表的债权额占该组债权总额的 2/3 以上
③每组都通过</td></tr>
<tr><td>和解</td><td>由出席会议的有表决权的债权人过半数同意，并且其所代表的债权额占无财产担保债权总额的 2/3 以上</td></tr>
</table>

3. 职权

<table>
<tr><td>（1）</td><td>核查债权</td></tr>
<tr><td>（2）</td><td>申请人民法院更换管理人，审查管理人的费用和报酬</td></tr>
<tr><td>（3）</td><td>监督管理人</td></tr>
<tr><td>（4）</td><td>选任和更换债权人委员会成员</td></tr>
<tr><td>（5）</td><td>决定继续或者停止债务人的营业</td></tr>
<tr><td>（6）</td><td rowspan="2">通过重整计划
通过和解协议　}1/2 +2/3</td></tr>
<tr><td>（7）</td></tr>
<tr><td>（8）</td><td>通过债务人财产的管理方案</td></tr>
<tr><td>（9）</td><td>通过破产财产的变价方案</td></tr>
<tr><td>（10）</td><td>通过破产财产的分配方案</td></tr>
</table>

（三）债权人委员会

1. 性质	是代表债权人会议行使监督权利的机构
2. 组成	（1）是否设立债权人委员会由债权人会议决定 （2）由债权人会议选任的债权人代表和 1 名债务人的职工代表或者工会代表组成 （3）债委会成员应当经法院书面决定认可（委员会：债权人 + 职工；≤9 人）
3. 职权	（1）监督债务人财产的管理和处分 （2）监督破产财产分配 （3）提议召开债权人会议 （4）债权人会议委托的其他职权 ①可授权事项，即债权人会议可以委托债权人委员会行使的职权，包括：A. 申请人民法院更换管理人，审查管理人的费用和报酬；B. 监督管理人；C. 决定继续或者停止债务人的营业 ②禁止概括性授权：债权人会议不得作出概括性授权，委托其行使债权人会议所有职权

（四）重大影响的财产处分

1. 重大影响的财产处分行为：

（1）涉及土地、房屋等不动产权益的转让；

（2）探矿权、采矿权、知识产权等财产权的转让；

（3）全部库存或者营业的转让；

（4）借款；

（5）设定财产担保；

（6）债权和有价证券的转让；

（7）履行债务人和对方当事人均未履行完毕的合同；

（8）放弃权利；

（9）担保物的取回；

（10）对债权人利益有重大影响的其他财产处分行为。

2. 审议制度★★★

（1）第一次债权人会议之前	应当经人民法院许可
（2）第一次债权人会议之后	①管理人制作方案，债权人会议审议 管理人应当事先制作财产管理或者变价方案并提交债权人会议进行表决，债权人会议表决未通过的，管理人不得处分 ②管理人处分前，报告债委会（未设立债委会的报告法院） 管理人实施处分前，提前10日书面报告债权人委员会或者人民法院 ③债委会的纠正权 债权人委员会认为管理人实施的处分行为不符合债权人会议通过的财产管理或变价方案的，有权要求管理人纠正

1.管理人制作财产管理/变价方案 → 2.债权人会议审议（双1/2） → 3.报告债委会，债委会有纠正权 → 4.管理人实施处分

模拟题

2018年11月A公司与B公司签订一份买卖协议，约定：B公司向A公司销售一批原材料，价款100万元。2019年1月，A公司破产申请被法院受理，并指定甲律所担任管理人。至此B公司尚未交货，A公司尚未付款，对此，下列说法正确的是？[1]（多选）

A. 2019年4月，甲律所通知B公司继续履行该协议，B公司应当继续履行

B. 甲律所决定继续履行该协议的，可直接执行

C. 若甲律所决定继续履行该协议，应当制作相关的债务人财产管理方案，由债权人会议审议后，甲律所实施，且在执行前应报告债权人委员会

D. 甲律所有权独立决定解除与B公司之间的协议

〔1〕答案：CD。

【归纳总结】

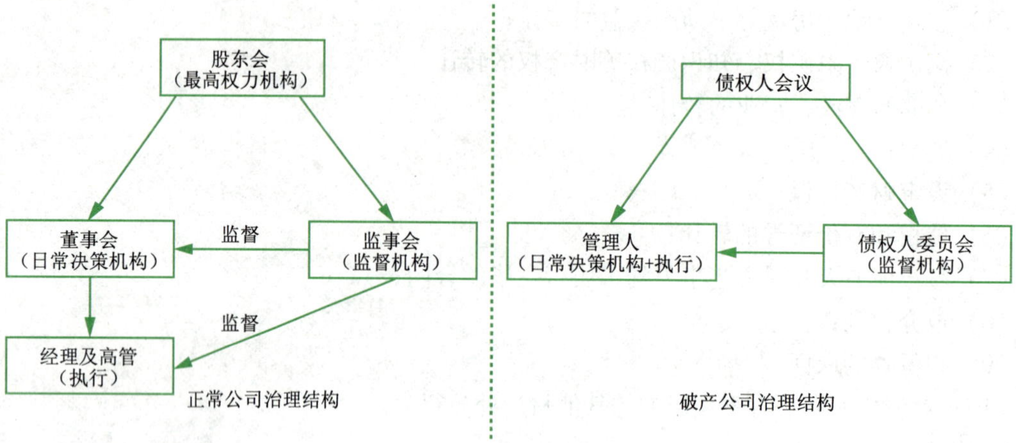

正常公司治理结构　　　　破产公司治理结构

四、债权申报★

1	以财产为给付内容	给付标的为劳务/不作为的（×）
2	以债务人财产为受偿基础	有/无财产担保的债权（√）
3	法院受理破产申请前成立的债权	破产费用和共益债务（×）未到期的（√）
4	平等民事主体之间	对债务人的行政罚款（×）
5	合法有效债权	超过诉讼时效（×）
6	特殊情况 （1）职工债权：无须申报，优先受偿 （2）合同解除损害赔偿请求权：管理人或者债务人解除合同的，对方当事人以因合同解除所产生的损害赔偿请求权申报债权	
7	（1）连带债务人的代位求偿权——债务人破产： 已代为清偿的，以求偿权申报；未代为清偿的，除债权人已申报全部债权外，以将来求偿权申报	

续表

<table>
<tr>
<td>7</td>
<td>
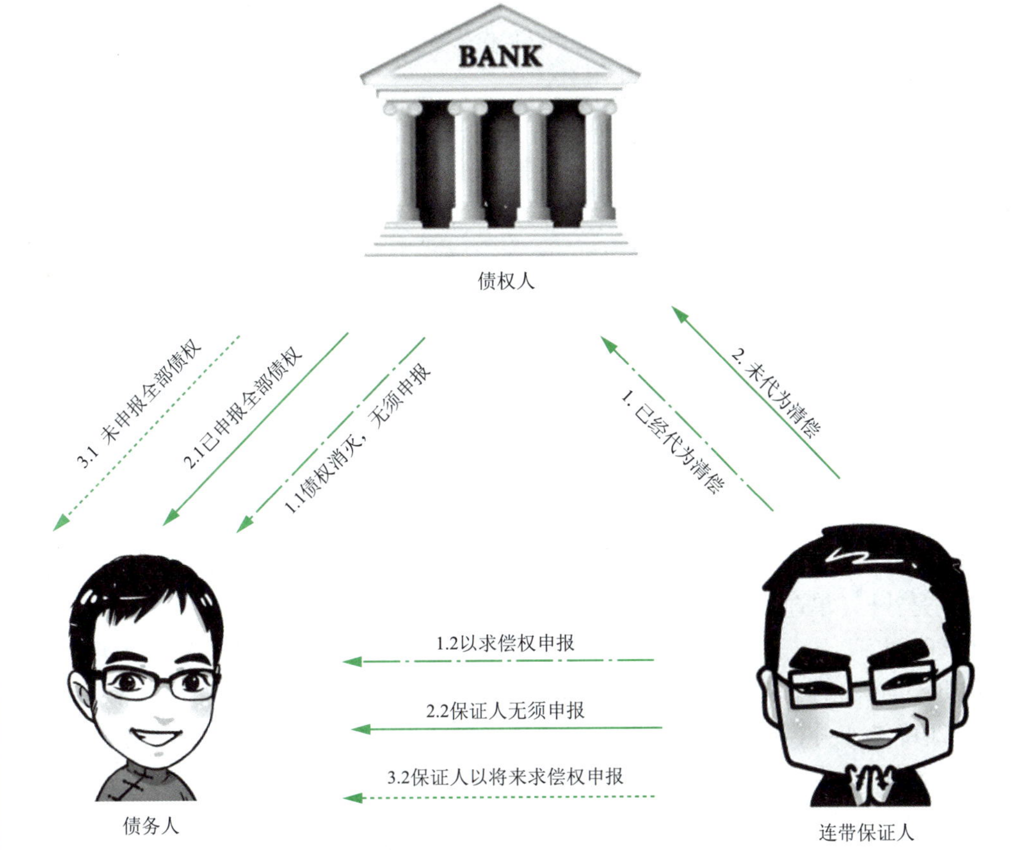

（2）保证人破产：
①保证人被裁定进入破产程序的，债权人有权申报其对保证人的保证债权
②主债务未到期的，保证债权在保证人破产申请受理时视为到期
③一般保证的保证人主张行使先诉抗辩权的，人民法院不予支持，但债权人在一般保证人破产程序中的分配额应予提存，待一般保证人应承担的保证责任确定后再按照破产清偿比例予以分配
④保证人被确定应当承担保证责任的，保证人的管理人可以就保证人实际承担的清偿额向主债务人或其他债务人行使追偿权
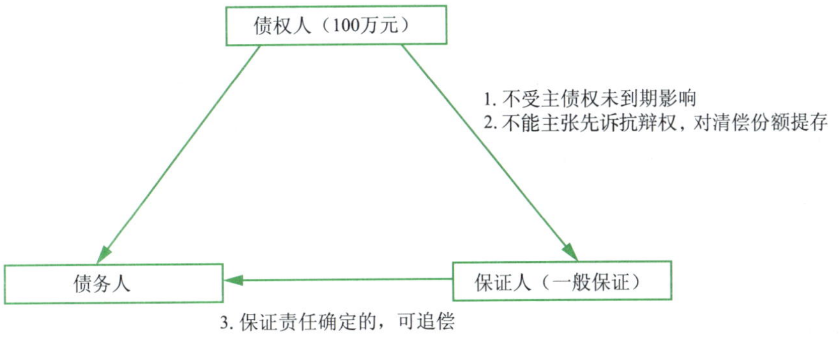

（3）债务人、保证人均破产：
①债务人、保证人均被裁定进入破产程序的，债权人有权向债务人、保证人分别申报债权
</td>
</tr>
</table>

续表

7	②债权人向债务人、保证人均申报全部债权的，从一方破产程序中获得清偿后，其对另一方的债权额不作调整，但债权人的受偿额不得超出其债权总额 ③保证人履行保证责任后不再享有追偿权 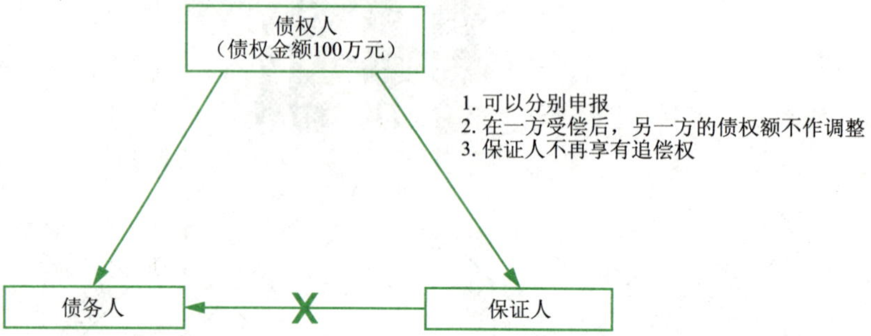

模拟题

2018年1月，A公司获得3年期银行贷款100万元，B公司提供保证担保。对此，下列说法正确的是?[1]（单选）

A. 2019年1月，法院受理了A公司的破产申请，若银行已经向A公司管理人申报全部债权，则B公司无须向A公司管理人进行债权申报

B. 2019年1月，法院受理了B公司的破产申请，因贷款尚未到期，故银行不能向B公司主张保证债权

C. 2019年1月，法院受理了B公司的破产申请，若B公司为一般保证人，当银行向其主张保证债权时，B公司管理人可主张先诉抗辩权

D. 2019年1月，A、B两公司均进入破产程序，银行可以向A、B两公司分别申报债权，但合计申报金额不超过100万元

五、清偿顺序

（一）顺序

破产财产在优先清偿破产费用和共益债务后，依照下列顺序清偿：

1. 职工债权	（1）破产人所欠职工的工资和医疗、伤残补助、抚恤费用 （2）所欠的应当划入职工个人账户的基本养老保险、基本医疗保险费用 （3）应当支付给职工的补偿金 **【陷阱提示】**“劳务报酬”不属于职工债权，而属于“普通债权”
2. 国家债权	（1）破产人欠缴的除前项规定以外的社会保险费用 （2）破产人所欠税款
3. 普通债权	—

〔1〕答案：A。

（二）破产费用和共益债务（新债新办法）★★★

分类	破产费用	共益债务
内容	1. 破产案件的诉讼费用 2. 管理、变价和分配债务人财产的费用 3. 管理人执行职务的费用、报酬和聘用工作人员的费用	1. 因管理人或者债务人请求对方当事人履行双方均未履行完毕的合同所产生的债务 2. 债务人财产受无因管理所产生的债务 3. 因债务人不当得利所产生的债务 4. 为债务人继续营业而应支付的劳动报酬和社会保险费用以及由此产生的其他债务（包括借款偿还义务） 5. 管理人或者相关人员执行职务致人损害所产生的债务 6. 债务人财产致人损害所产生的债务
清偿原则	1. 随时清偿 2. 破产费用优先于共益债务 3. 在破产费用或共益债务内部，每笔按照比例清偿 4. 不足以清偿破产费用，程序终结	

真题

某公司经营不善，现进行破产清算。关于本案的诉讼费用，下列哪一说法是错误的?[1]（2012年，单选）

A. 在破产申请人未预先交纳诉讼费用时，法院应裁定不予受理破产申请

B. 该诉讼费用可由债务人财产随时清偿

C. 债务人财产不足时，诉讼费用应先于共益费用受清偿

D. 债务人财产不足以清偿诉讼费用等破产费用的，破产管理人应提请法院终结破产程序

六、债务人财产★

（一）债务人财产范围

1. 破产申请受理时属于债务人的全部财产。

2. 破产申请受理后至破产程序终结前债务人取得的财产，为债务人财产。

（二）别除权

物权担保的债权人可以优先就担保物受偿，未能完全受偿的，其未受偿的债权作为普通债权。

【注意】别除权人仅在担保物价值范围内享有优先权。

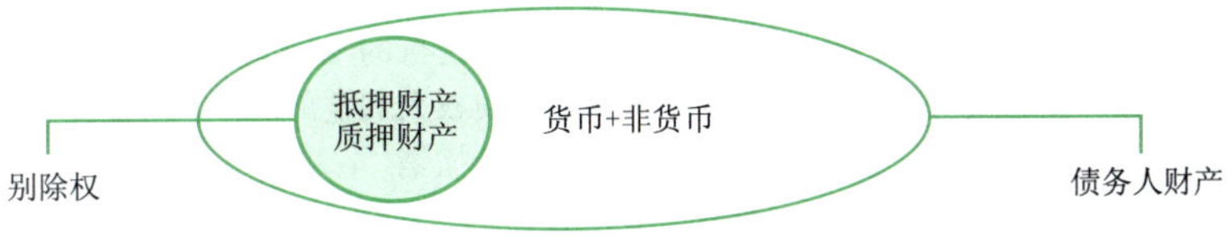

[1] 答案：A。

（三）撤销权★★★

破产申请受理后管理人可以向法院申请予以撤销。

1. 针对欺诈破产的撤销

（1）时间：法院受理破产申请前 1 年内。

（2）情形：

①赠与	无偿转让财产的
②高买低卖	A. 以明显不合理价格进行交易的 B. 交易撤销后，买卖双方应当依法返还从对方获取的财产或价款；对于债务人应返还受让人已支付价款所产生的债务，列为共益债务
③追加担保	对没有财产担保的债务提供财产担保的
④提前清偿	A. 对未到期的债务提前清偿的 B. 例外：若该债务在破产申请受理前已经到期的，不予撤销，但符合“针对个别清偿的撤销”的除外 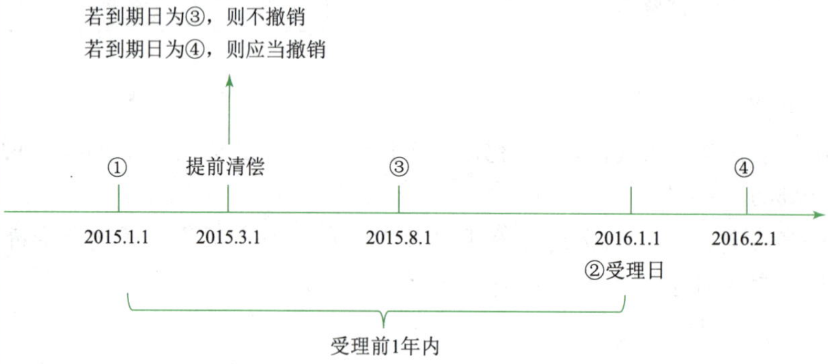
⑤消极行为	放弃债权的

2. 针对个别清偿的撤销

（1）时间	法院受理破产申请前 6 个月内
（2）背景	债务人具备破产原因（不能清偿到期债务且资不抵债或明显缺乏清偿能力）
（3）行为	个别清偿
（4）例外	①对以自有财产设定担保物权的债权进行的个别清偿，不予撤销 例外：债务清偿时担保财产的价值低于债权额的除外 例如：债权人债权金额 100 万元，担保物价值 200 万元，对其个别清偿，不予撤销；若担保物价值 50 万元，低于债权额，对其个别清偿，应当撤销 ②债务人经诉讼、仲裁、执行程序对债权人进行的个别清偿，不予撤销 例外：债务人与债权人恶意串通损害其他债权人利益的除外 ③使债务人财产受益的其他个别清偿，不予撤销 例如：为维持企业正常经营而支出的水电费，为购买维持生产所需的原材料而支付的价款，支付劳动报酬、人身损害赔偿金等

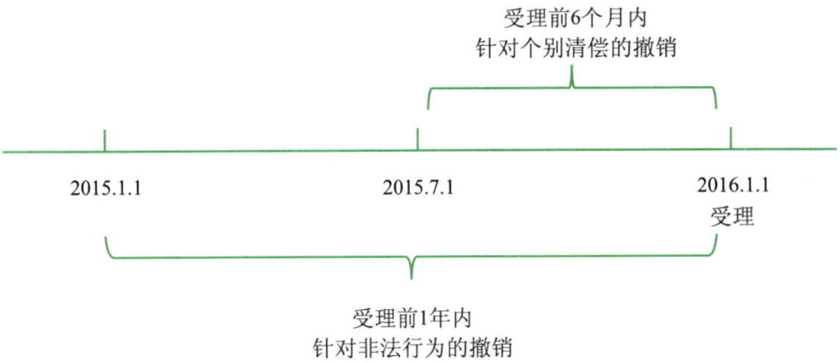

（四）取回权制度★★★

1. 基本规则	(1) 受理破产申请后，债务人占有的不属于债务人的财产，该财产的权利人可以通过管理人取回 (2) 但是，法律另有规定的除外（重整时，应当按照合同约定行使取回权） 例如：A 公司自 B 公司租赁卡车，租期至 2025 年，2021 年 1 月 A 公司破产 若 A 公司破产清算，虽租期未届至，B 公司仍可取回卡车 若 A 公司破产重整，则 B 公司不能立即取回卡车	
2. 不易保管的财产	对债务人占有的权属不清的鲜活、易腐等不易保管的财产或者不及时变现价值将严重贬损的财产，管理人及时变价并提存变价款后，有关权利人可就该变价款行使取回权	
3. 债务人占有的他人财物被违法转让	(1) 第三人善意取得，权利人无法取回的	原权利人要求赔偿： ①转让行为发生在破产申请受理前的，作为普通破产债权清偿 ②转让行为发生在破产申请受理后的，作为共益债务清偿
	(2) 第三人支付对价，但未善意取得，原权利人取回财产的，对第三人已支付的对价	①转让行为发生在破产申请受理前的，作为普通破产债权清偿 ②转让行为发生在破产申请受理后的，作为共益债务清偿
4. 原物毁损灭失	(1) 获得的保险金、赔偿金、代偿物尚未交付给债务人，或者代偿物虽已交付给债务人但能与债务人财产予以区分的	权利人可主张取回就此获得的保险金、赔偿金、代偿物
	(2) 保险金、赔偿金已经交付给债务人，或者代偿物已经交付给债务人且不能与债务人财产予以区分的	权利要求赔偿： ①财产毁损、灭失发生在破产申请受理前的，作为普通破产债权清偿 ②财产毁损、灭失发生在破产申请受理后的，作为共益债务清偿
5. 出卖人的取回权	(1) 定义 人民法院受理破产申请时，①出卖人已将买卖标的物向作为买受人的债务人发运，债务人尚未收到，②未付清全部价款的，出卖人可以取回在运途中的标的物 (2) 但是，管理人可以支付全部价款，请求出卖人交付标的物	

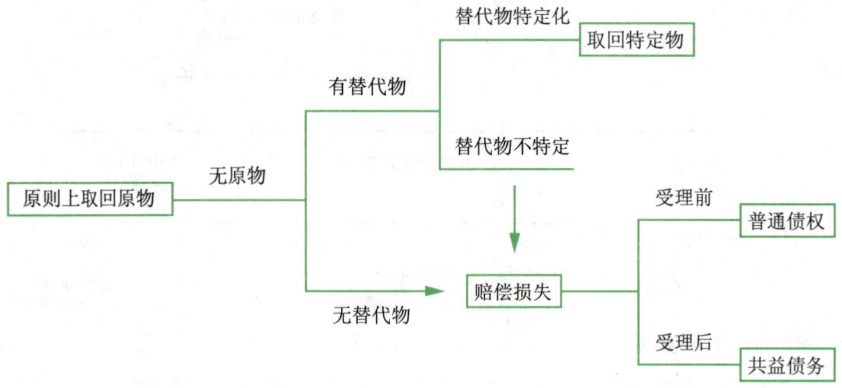

（五）抵销权

1. 债权人在破产申请受理前对债务人负有债务的，可以向管理人主张抵销（单向抵销）

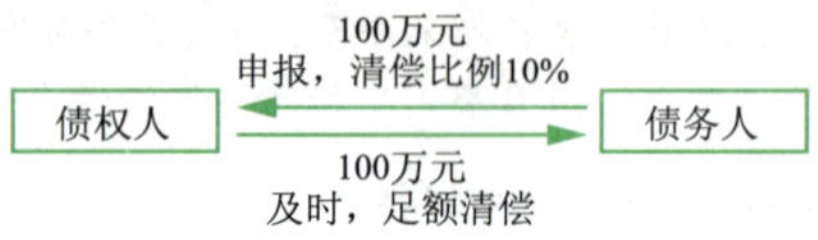

（1）只能由债权人提出抵销，不能由管理人提出，但抵销使债务人财产受益的除外。

（2）双方互负债务标的物种类、品质不要求相同；不要求双方互负债务均已到期。

2. 禁止恶意抵销

（1）债务人的债务人在破产申请受理后取得他人对债务人的债权的。

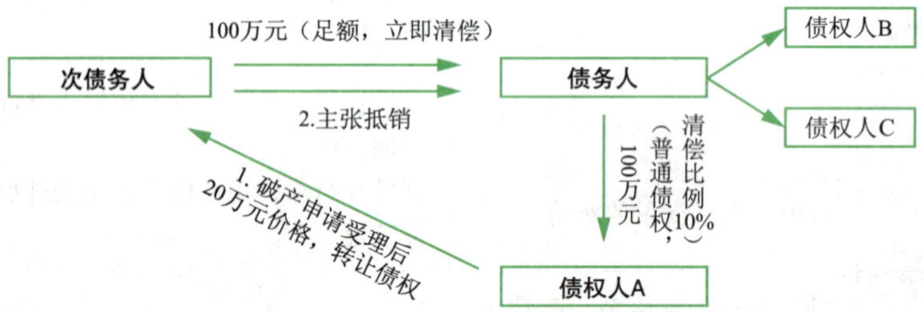

（2）突击负债

债权人已知债务人有不能清偿到期债务或者破产申请的事实，对债务人负担债务的。

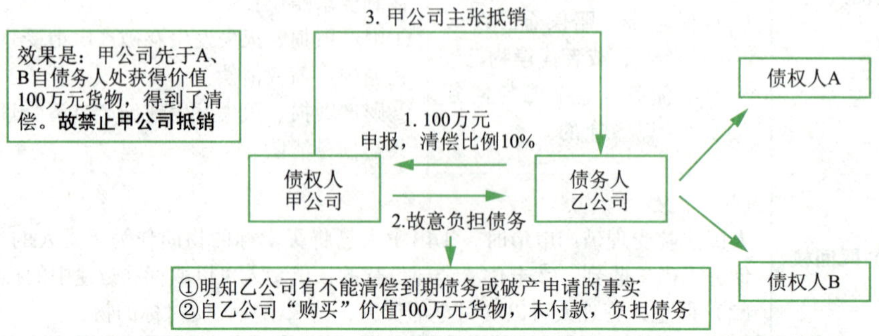

（3）突击取得债权

债务人的债务人已知债务人有不能清偿到期债务或者破产申请的事实，对债务人取得债权的。

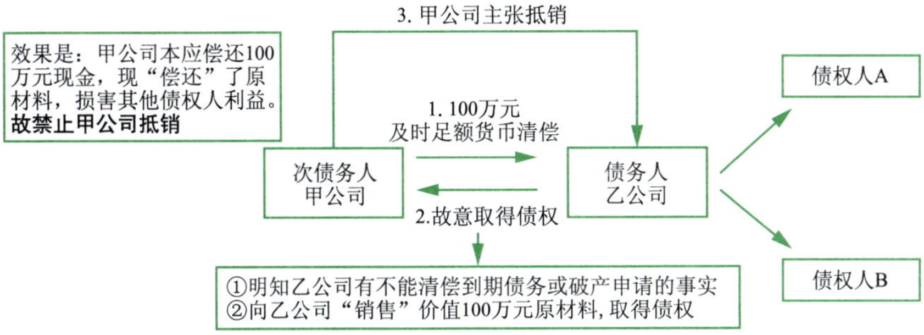

真 题

法院受理了利捷公司的破产申请。管理人甲发现，利捷公司与翰扬公司之间的债权债务关系较为复杂。下列哪些说法是正确的？[1]（2016年改编，多选）

A. 翰扬公司的某一项债权有房产抵押，其全部债权可获得优先清偿

B. 翰扬公司与利捷公司有一合同未履行完毕，甲可解除该合同

C. 翰扬公司曾租给利捷公司的一套设备被损毁，侵权人之前向利捷公司支付了赔偿金，翰扬公司不能主张取回该笔赔偿金，而是作为破产债权受偿

D. 茹洁公司对利捷公司负有债务，在破产受理后茹洁公司受让了翰扬公司的一项债权，但茹洁公司不得以此抵销其对利捷公司的债务

【归纳总结】

1. 撤销权	由________向法院申请，包括：________的撤销和________的撤销
2. 别除权	________的债权人可以优先就________受偿
3. 取回权	债务人占有的________的财产，权利人可以通过________取回
4. 抵销权	债权人在________前对债务人负有债务的，可以向管理人主张抵销

七、重整

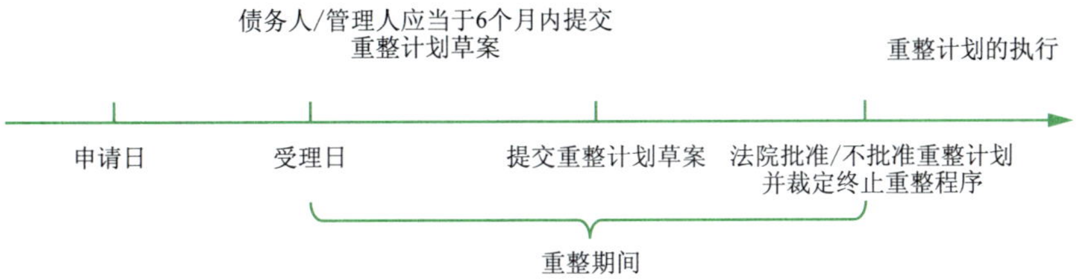

[1] 答案：BD。

（一）重整期间

自人民法院裁定债务人重整之日起至重整程序终止，为重整期间。

（二）重整原因（三种）

破产原因（两种）+有明显丧失清偿能力可能

（三）重整中的保护制度

—	清算	重整
1. 终点	企业注销登记	若重整成功，企业存续
2. 事务管理	债务人企业由管理人管理	可以由管理人管理，也可由债务人自行管理财产和营业事务
3. 别除权	对债务人的特定财产享有的担保权，就担保物优先受偿	重整期间，对债务人的特定财产享有的担保权暂停行使
4. 取回权	破产申请受理后，权利人可以取回债务人占有的财产	取回权受限制：权利人在重整期间取回的，应当符合事先约定的条件

【归纳总结——重要时间节点】

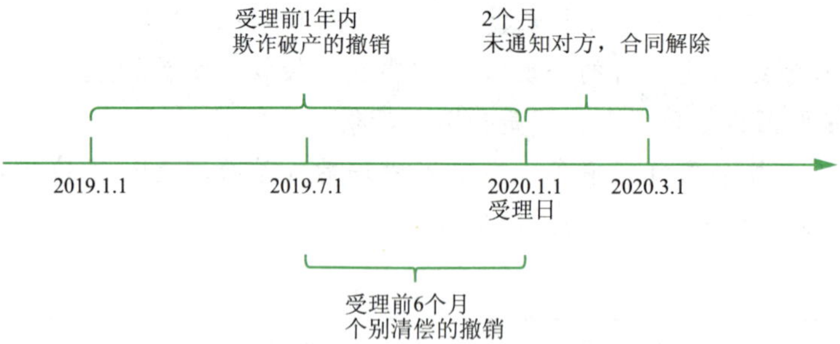

第八章 票据法

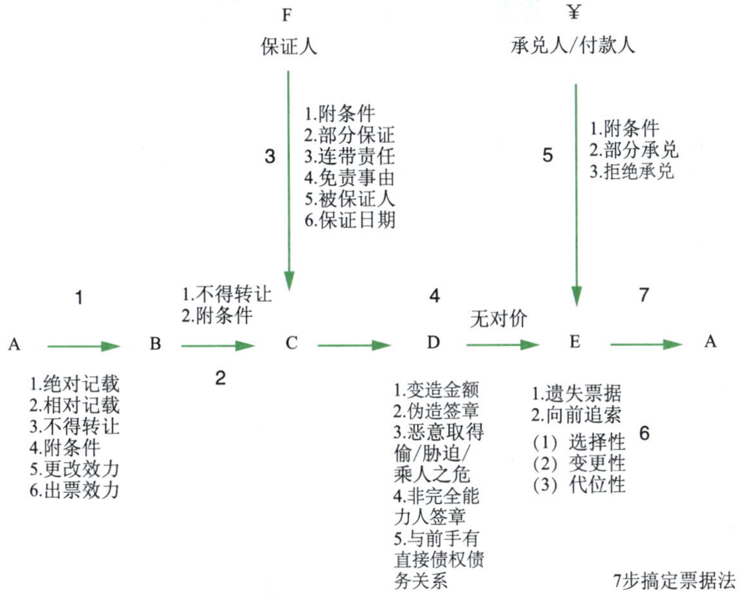

一、票据概述

1. 支票

支票是出票人签发的，委托办理支票存款业务的银行或者其他金融机构在见票时无条件支付确定的金额给收款人或者持票人的票据。

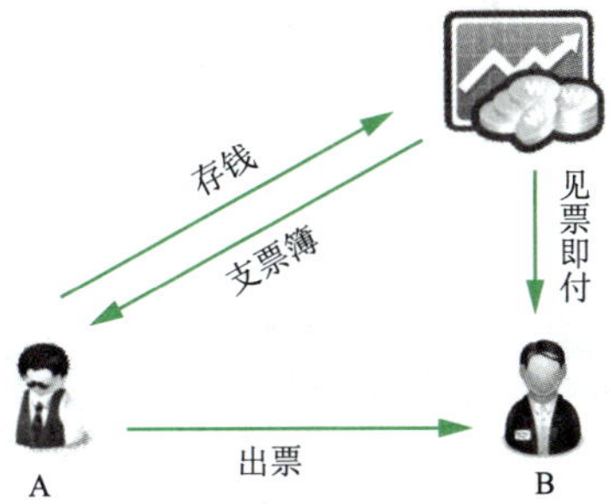

2. 本票

本票是出票人签发的，承诺自己在见票时无条件支付确定的金额给收款人或者持票人的票据。

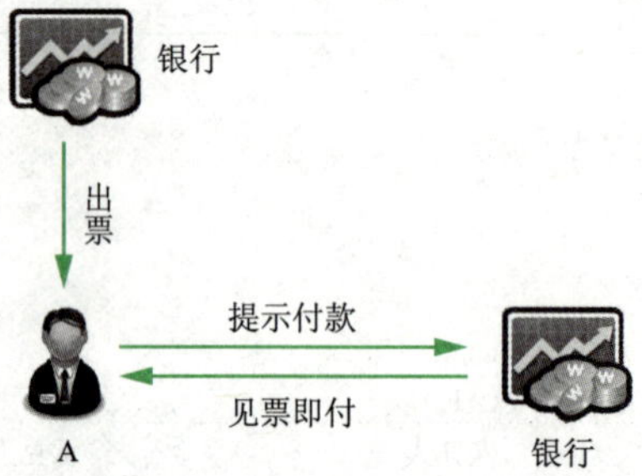

3. 汇票

汇票是出票人签发的，委托付款人在见票时或者在指定的日期无条件支付确定的金额给收款人或者持票人的票据。根据付款期限不同，汇票分为即期汇票和远期汇票。

（1）即期汇票

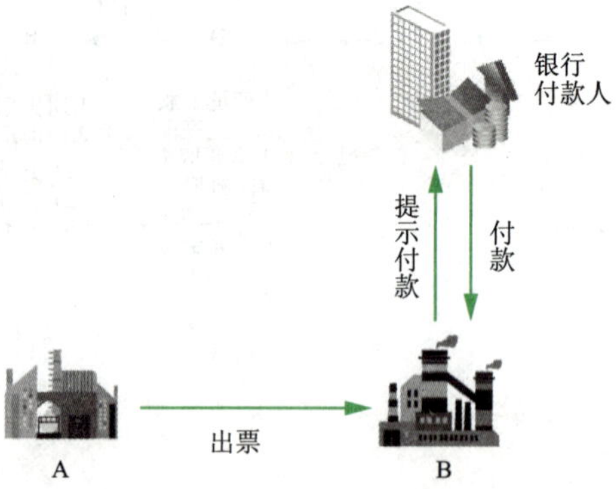

（2）远期汇票

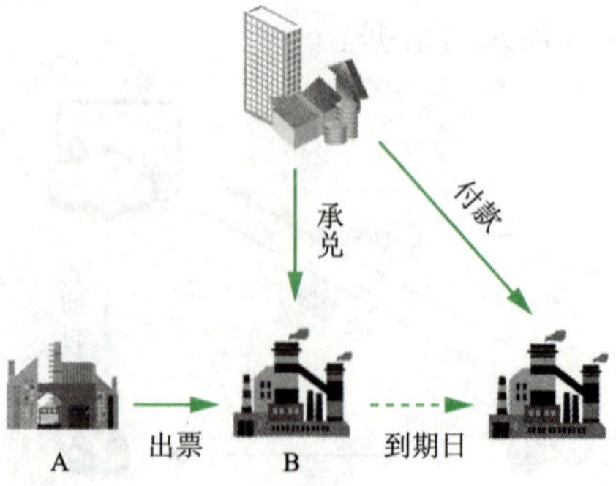

二、票据的特征

1. 票据是无因证券：授受票据的原因关系与票据法律关系相分离，彼此不发生影响。

例外：

对人的抗辩

（1）对直接债权债务持票人的抗辩

票据债务人可以对不履行约定义务的与自己有直接债权债务关系的持票人进行抗辩。

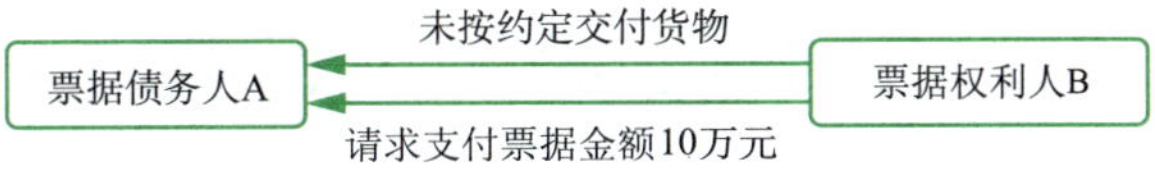

（2）对“明知”持票人的抗辩

票据债务人不得以自己与出票人或者与持票人的前手之间的抗辩事由对抗持票人。但是，持票人明知存在抗辩事由而取得票据的除外。

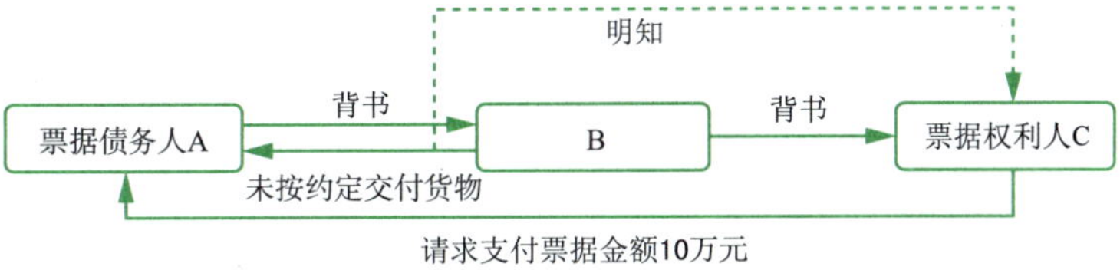

2. 票据是文义证券。

真 题

甲公司购买乙公司电脑20台，向乙公司签发金额为10万元的银行承兑汇票一张，丁银行在汇票上签章承诺：“本汇票已经本行承兑，到期日无条件付款。”当该汇票的持票人行使权利时，下列哪些说法是正确的?[1]（2009年改编，多选）

A. 如该汇票已背书转让给丙公司，丙公司恰还欠汇票承兑人丁银行10万元到期贷款，则丁银行可以提出抗辩而拒绝付款

B. 如该汇票已背书转让给丙公司，则甲公司可以乙公司交付的电脑质量存在瑕疵为抗辩理由拒绝向丙公司付款

C. 甲公司可以以乙公司交付的电脑质量存在瑕疵为抗辩理由拒绝向乙公司支付票面金额

D. 丁银行称，因甲公司保证金账户余额不足，拒绝向丙公司支付票据金额

〔1〕 答案：AC。

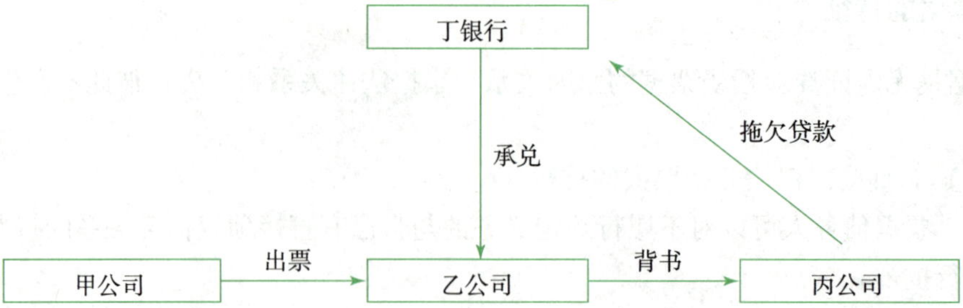

三、票据行为——出票、背书、承兑、保证（以汇票为例）

银行承兑汇票 2 汇票号码

出票日期（大写） 年 月 日

出票人全称			收款人	全 称												
出票人账号			收款人	账 号												
付款人全称		行号	收款人	开户行		行号										
汇票金额	人民币（大写）	壹拾万圆整			亿	千	百	十	万	千	百	十	元	角	分	
							¥	1	0	0	0	0	0	0	0	
汇票到期日（大写）	年 月 日		付款行	行号												
承兑协议编号			付款行	地址												
本汇票请你行承兑，到期无条件支付 出票人签章	本汇票已经承兑，到期由本行付款 承兑行签章 年 月 日 备注：				复核 记账											

（一）出票

	绝对记载事项	相对记载事项
记载事项	欠缺的，则票据无效： 1. 表明“汇票”的字样 2. 无条件支付的委托 3. 确定的金额 4. 付款人名称 5. 收款人名称 6. 出票日期 7. 出票人签章 **【陷阱提示】** 支票上的金额可以由出票人授权补记。补记前不得使用	记载，则以记载为准；未记载，根据法律规定： 1. 未记载付款日期，则为即期票据 2. 未记载付款地，付款人营业场所为付款地 3. 未记载出票地，出票人营业场所为出票地

续表

出票行为及其效力	1. 出票人成为票据债务人 2. 收款人取得票据权利 3. 对付款人并未当然发生效力 4. 出票不得附条件，否则票据无效 5. 出票人若记载“不得转让”，则票据不得再转让、质押

（二）背书★：是指在票据背面或者粘单上记载有关事项并签章的票据行为

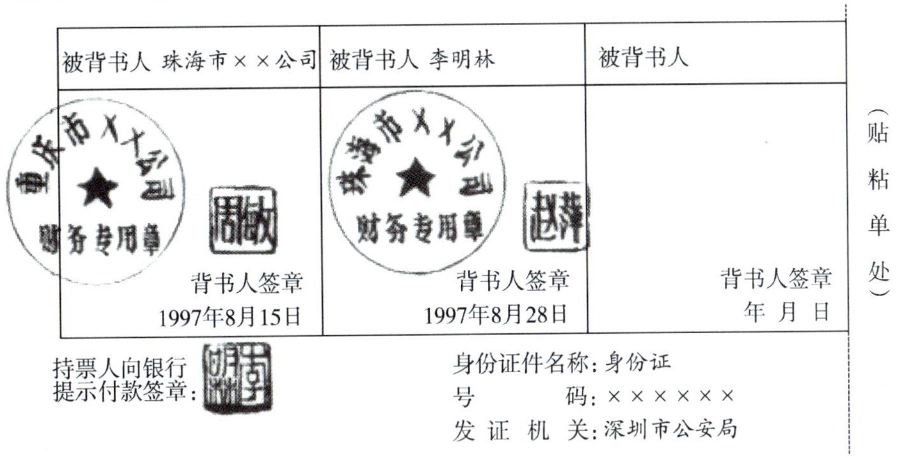

1. 背书的连续性

（1）持票人以背书的连续，证明其汇票权利。

（2）非经背书转让，而以其他合法方式取得汇票的（公司合并、分立、继承等），依法举证，证明其汇票权利。

2. 限制背书

背书人的限制背书：背书人记载“不得转让”字样，其后手再背书转让的，原背书人对后手的被背书人不承担保证责任。

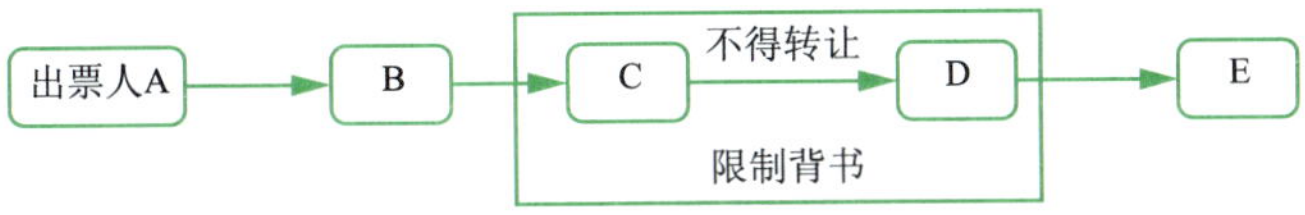

（1）出票人记载“不得转让”	该票据不再具有流通性
（2）背书人记载“不得转让”	该票据可以再作背书转让，但限制背书人仅对其直接后手承担责任，对再后手不承担责任

真 题

甲公司在与乙公司交易中获得由乙公司签发的面额50万元的汇票一张，付款人为丙银行。甲公司向丁某购买了一批货物，将汇票背书转让给丁某以支付货款，并记载“不得转让”字样。后丁某因支付货款将此汇票背书给戊某。如戊某在向丙银行提示承兑时遭拒绝，戊某

可向谁行使追索权?[1](2009 年，多选)

A. 丁某　　B. 乙公司

C. 甲公司　　D. 丙银行

3. 回头背书

以已在票据上签名的票据债务人为被背书人。回头背书的票据可再作背书转让。

（1）持票人为出票人的，对其前手无追索权。

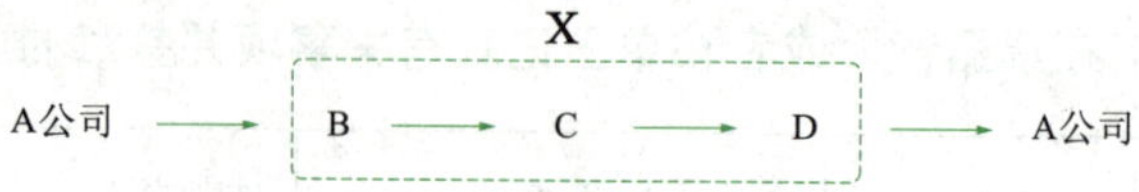

（2）持票人为背书人的，对其后手无追索权。

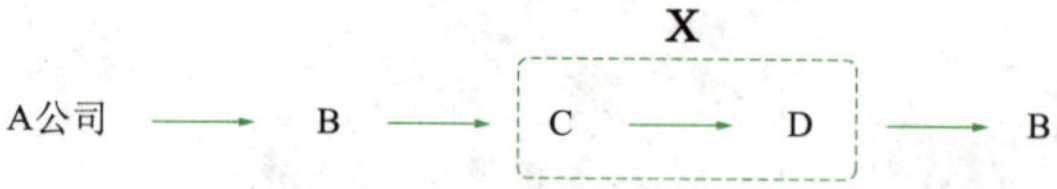

4. 附条件背书

背书不得附有条件。背书附有条件的，所附条件不具有汇票上的效力。

真 题

甲、乙签订一份购销合同。甲以由丁承兑的汇票付款，在汇票的背书栏记载有“若乙不按期履行交货义务，则不享有票据权利”，乙又将此汇票背书转让给丙。下列对该票据有关问题的表述哪些是正确的?[2](2005 年，多选)

A. 该票据的背书行为为附条件背书，效力待定

B. 乙在未履行交货义务时，不得主张票据权利

C. 无论乙是否履行交货义务，票据背书转让后，丙取得票据权利

D. 背书上所附条件不产生汇票上效力，乙无论交货与否均享有票据权利

（三）承兑

1. 承兑是汇票付款人承诺在汇票到期日支付汇票金额的票据行为。

2. 承兑不得附有条件，附条件则视为拒绝承兑。部分承兑也是附条件。

（四）保证

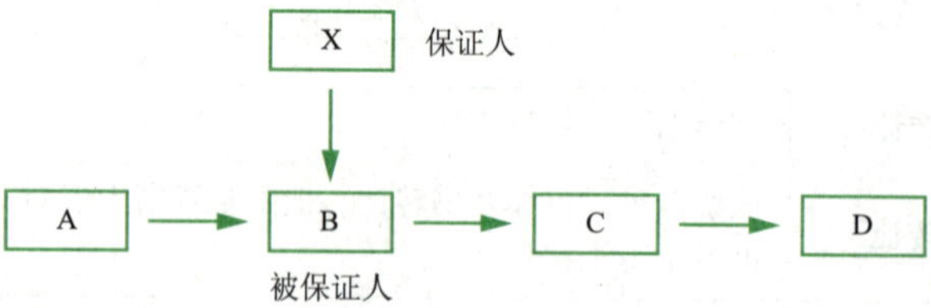

1. 保证人与被保证人就票据债务负连带责任。

保证人仅因以下情形可免除责任：被保证的票据债务因欠缺记载事项而无效。

---

〔1〕 答案：AB。

〔2〕 答案：CD。

2. 保证人的代位权：保证人清偿票据债务后，可行使持票人对被保证人及其前手的追索权。

3. 保证不得附条件。附条件者，保证依然有效，所附条件视为无记载。部分保证也是附条件。

【归纳总结】

—	出票	背书	承兑	保证
—	原则上不得附条件			
效力	出票无效	背书有效，条件无效	视为拒绝承兑	保证有效，条件无效

（五）票据行为的代理

票据行为依法可以代理，票据行为的代理是指由代理人根据被代理人的授权代为实施票据行为的行为。

1. 签章	代理人应当在票据上签章
2. 表明代理关系	代理人应当在票据上表明自己与被代理人之间的代理关系，明确表明自己作为代理人的身份和经过被代理人授权为被代理人代理的意思
3. 无权代理	（1）行为人没有经过被代理人的授权实施票据行为的，为无权代理 （2）应当由签章人承担票据责任
4. 越权代理	（1）代理人超越被代理人授予的代理权限实施票据行为的，为越权代理 （2）代理人越权代理的，应当就其超越权限的部分承担票据责任

四、票据效力

1. 非完全民事行为能力人签章	其签章无效，但是不影响其他签章的效力
2. 伪造：专指伪造签章	（1）票据上有伪造签章的，不影响票据上其他真实签章的效力 （2）被伪造签章者，不承担票据法律责任；伪造者不承担票据法律责任，承担民事赔偿责任
3. 更改（有权主体——出票人）	（1）票据金额、日期、收款人名称不得更改，更改的，票据无效 （2）对票据上的其他记载事项，原记载人可以更改，更改时应当由原记载人签章证明
4. 变造（无权主体——非法的）	（1）票据要素被变造，并不导致票据无效 （2）票据上其他记载事项被变造的，在变造之前签章的人，对原记载事项负责；在变造之后签章的人，对变造之后的记载事项负责；不能辨别是在票据被变造之前或者之后签章的，视同在变造之前签章

真　题

1. 甲向乙开具金额为100万元的汇票以支付货款。乙取得该汇票后背书转让给丙，丙又背书转让给丁，丁再背书转让给戊。现查明，甲、乙之间并无真实交易关系，丙为未成年人，

票据金额被丁变造成1000万元。下列哪些选项是正确的?[1](2008年改编，单选)

A. 甲、乙之间没有真实交易，但该汇票仍然有效

B. 丙为未成年人，则丙及其后手的签章无效

C. 票据金额已被丁变造，该汇票无效

D. 戊不能向丁行使票据上的追索权

2. 甲公司为清偿对乙公司的欠款，开出一张收款人是乙公司财务部长李某的汇票。李某不慎将汇票丢失，王某拾得后在汇票上伪造了李某的签章，并将汇票背书转让给外地的丙公司，用来支付购买丙公司电缆的货款。关于本案，下列哪些说法是正确的?[2](2016年改编，多选)

A. 甲公司应当承担票据责任

B. 李某不承担票据责任

C. 王某应当承担票据责任

D. 付款人可以票据背书不连续为由，拒绝向丙公司付款

五、票据权利

(一) 票据权利的内容

指持票人向票据债务人请求支付票据金额的权利，包括付款请求权和追索权。

1. 付款请求权

持票人请求付款人按照票据金额支付款项的权利。是第一顺序的权利。

2. 追索权

(1) 分类	①期后追索 汇票到期被拒绝付款的，持票人可以对背书人、出票人以及汇票的其他债务人行使追索权
	②期前追索 汇票到期日前，有下列情形之一的，持票人也可以行使追索权： A. 票据所载付款场所不存在、付款人不存在或下落不明，无法提示付款 B. 汇票被拒绝承兑的 C. 承兑人或者付款人死亡、逃匿的 D. 承兑人或者付款人被依法宣告破产的或者因违法被责令终止业务活动的

[1] 答案：A。

[2] 答案：AB。

续表

（2）追索义务人	①追索义务人：出票人、背书人、保证人、承兑人。各追索对象为连带债务人 ②选择性：可以不按照票据债务人的先后顺序，对其中任何一人、数人或全体行使追索权 ③变更性：不受已开始追索之限制，在追索权未实现之前开始新的追索 ④代位性：被追索人清偿债务后，与持票人享有同一权利，可以向其他票据债务人行使追索权

（二）票据权利的取得原则★

1. 善意原则

（1）以欺诈、偷盗或者胁迫等手段取得票据的或者明知有前列情形，出于恶意取得票据的，不得享有票据权利。

（2）持票人因重大过失取得不符合规定的票据的，也不得享有票据权利。

2. 对价原则：凡是无代价或不以相当代价取得的票据（赠与、继承、税收），所享有的票据权利不得优于其前手。

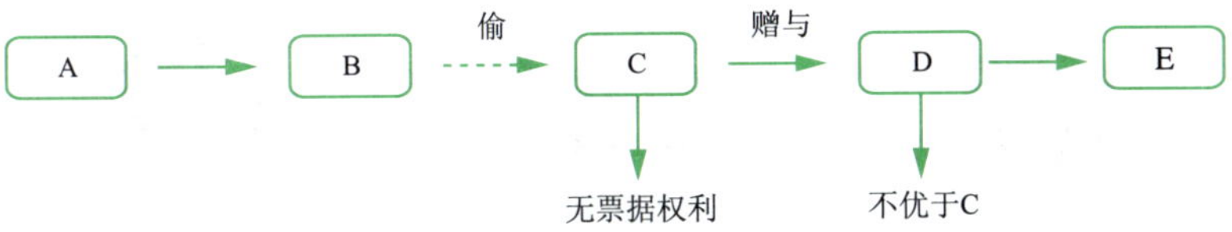

六、失票后的救济

（一）先挂失止付	1. 票据丧失，失票人可以及时通知票据的付款人挂失止付，但是，未记载付款人或者无法确定付款人及其代理付款人的票据除外 2. 收到挂失止付通知的付款人，应当暂停支付 3. 失票人应当在通知挂失止付后 3 日内，向法院申请公示催告，或者向法院提起诉讼
（二）直接申请公示催告	—
（三）直接提起诉讼	—

第九章 信托法

一、概述

（一）概念

委托人基于对受托人的信任，将其财产权委托给受托人，由受托人按委托人的意愿以自己的名义，为受益人的利益或者特定目的，进行管理或者处分的行为。

（二）信托的分类

分类标准	类别
1. 受益人与委托人的关系	（1）自益信托：受益人和委托人是同一人，委托人设立信托是为了自己的利益 （2）他益信托：受益人是委托人之外的第三人，或委托人与其他第三人共同成为受益人
2. 委托人是否有权终止/撤销信托关系	（1）可撤销信托：根据信托文件约定或信托性质，委托人享有撤销权。自益信托一般为可撤销信托 （2）不可撤销信托：他益信托原则上不可撤销，除非信托文件另有约定

二、信托的设立

（一）信托设立“三确定”原则

1. 信托财产确定
2. 受益人确定
3. 信托目的确定

（二）信托无效★

有下列情形之一的，信托无效：

1	信托目的违反法律、行政法规或者损害社会公共利益
2	信托财产不能确定
3	委托人以非法财产或者信托法规定不得设立信托的财产设立信托
4	专以诉讼或者讨债为目的设立信托
5	受益人或者受益人范围不能确定
6	法律、行政法规规定的其他情形

（三）委托人的债权人对信托的撤销

委托人以其财产设立信托，将财产转移给受托人，将导致其责任财产减少，进而影响债权人的利益，故委托人的债权人享有撤销权。

1. 前提	委托人设立信托损害其债权人利益的，债权人有权申请人民法院撤销该信托
2. 除斥期间	撤销申请权，自债权人知道或者应当知道撤销原因之日起 1 年内不行使的，归于消灭
3. 影响	法院撤销信托的，不影响善意受益人已经取得的信托利益

三、信托财产★★★

（一）信托财产的范围

1. 信托财产包括

（1）受托人因承诺信托而取得的财产。

（2）受托人因信托财产的管理运用、处分或者其他情形而取得的财产。

2. 禁止流通物、限制流通物

（1）法律、行政法规禁止流通的财产，不得作为信托财产。

（2）法律、行政法规限制流通的财产，依法经有关主管部门批准后，可以作为信托财产。

（二）信托财产的独立性★★★

1. 独立于委托人

（1）独立于委托人的其他财产	①信托财产不属于委托人 ②信托财产与非信托财产相独立
（2）独立于委托人的遗产或清算财产	委托人死亡或解散、被撤销、被宣告破产时： ①原则上，信托存续，信托财产不作为其遗产或清算财产 ②若委托人是共同受益人之一，其信托受益权作为其遗产或清算财产 ③若委托人是唯一的受益人，信托终止，信托财产作为其遗产或清算财产
（3）独立于委托人的债权人	①委托人的债权人不得对信托财产主张强制执行 ②例外：设立信托前债权人已对该信托财产享有优先受偿的权利，并依法行使该权利

2. 独立于受托人

（1）独立于受托人的固有财产	①信托财产与属于受托人所有的财产相区别，不得归入受托人的固有财产或者成为固有财产的一部分 ②信托财产不能用于清偿受托人的个人债务；受托人的固有财产不能用于清偿信托债务
（2）独立于受托人的遗产或清算财产	受托人死亡或者依法解散、被依法撤销、被宣告破产而终止，信托财产不属于其遗产或者清算财产
（3）独立于受托人的债权人	①受托人的债权人不得对信托财产主张强制执行 ②例外：受托人处理信托事务所产生的债务，债权人要求清偿该债务

3. 信托财产独立于受益人

（1）信托财产不属于受益人	①受益人对信托财产不享有直接的支配权或处分权，更不享有所有权 ②受益人的债权人不能对信托财产直接主张强制执行
（2）受益人享有信托受益权	受益人可以信托受益权清偿个人债务

【归纳总结】针对信托财产的强制执行

原则上，对信托财产不得强制执行。下列情形除外：	
1	设立信托前债权人已对该信托财产享有优先受偿的权利，并依法行使该权利的
2	受托人处理信托事务所产生债务，债权人要求清偿该债务的
3	信托财产本身应担负的税款
救济：对于违反规定而强制执行信托财产，委托人、受托人或者受益人有权向人民法院提出异议	

四、信托当事人

（一）委托人

1. 范围	具有完全民事行为能力的自然人、法人或者依法成立的其他组织
2. 数量	一个或多个
3. 身份竞合	可以是唯一的受益人（自益信托），也可以是共同受益人之一

4. 委托人对受托人行为的撤销权

（1）前提	受托人违反信托目的处分信托财产或者因违背管理职责、处理信托事务不当致使信托财产受到损失的
（2）措施	①委托人有权申请人民法院撤销该处分行为，并有权要求受托人恢复信托财产的原状或者予以赔偿 ②该信托财产的受让人明知是违反信托目的而接受该财产的，应当予以返还或者予以赔偿
（3）期间	撤销申请权，自委托人知道或者应当知道撤销原因之日起一年内不行使的，归于消灭

5. 委托人对受托人的解任权

（1）前提	受托人违反信托目的处分信托财产或者管理运用、处分信托财产有重大过失的
（2）措施	委托人有权依照信托文件的规定解任受托人，或者申请人民法院解任受托人

6. 变更受益人、处分信托受益权的权利

下列情形，委托人有权变更受益人，或处分受益人的信托受益权：	
（1）	受益人对委托人有重大侵权行为
（2）	受益人对其他共同受益人有重大侵权行为
（3）	经受益人同意
（4）	信托文件规定的其他情形

7. 信托的解除权

下列情形，委托人有权解除信托：	
（1）	自益信托的委托人享有解除权，信托文件另有规定的除外
（2）	受益人对委托人有重大侵权行为
（3）	经受益人同意
（4）	信托文件规定的其他情形

（二）受托人

1. 资格

（1）范围	具有完全民事行为能力的自然人、法人
（2）数量	一个或多个（共同受托人）
（3）竞合	可以是受益人，但不能是唯一的受益人

2. 亲自处理信托事务

（1）受托人应当自己处理信托事务。

（2）但信托文件另有规定或者有不得已事由的，可以委托他人代为处理。受托人依法将信托事务委托他人代理的，应当对他人处理信托事务的行为承担责任。

3. 分别管理义务

（1）将信托财产与其固有财产分别管理、分别记账。

（2）将不同委托人的信托财产分别管理、分别记账。

（3）对不同委托人的信托财产，应公平对待。

4. 禁止自我交易

（1）受托人不得将其固有财产与信托财产进行交易或者将不同委托人的信托财产进行相

互交易。

（2）例外

但信托文件另有规定或者经委托人或者受益人同意，并以公平的市场价格进行交易的除外。

5. 受托人职责终止

（1）受托人职责终止，不意味着信托终止	
（2）受托人职责终止的情形	①死亡或者被依法宣告死亡 ②被依法宣告为无民事行为能力人或者限制民事行为能力人 ③被依法撤销或者被宣告破产 ④依法解散或者法定资格丧失 ⑤辞任或者被解任 ⑥法律、行政法规规定的其他情形
（3）协助义务	受托人职责终止时，其继承人或者遗产管理人、监护人、清算人应当妥善保管信托财产，协助新受托人接管信托事务
（4）新受托人的选任	受托人职责终止： ①依照信托文件规定选任新受托人 ②信托文件未规定的，由委托人选任 ③委托人不指定或者无能力指定的，由受益人选任 ④受益人为无民事行为能力人或者限制民事行为能力人的，依法由其监护人代行选任

（三）受益人

1. 范围

自然人（无完全行为能力要求）、法人、其他组织。

2. 数量

一个或多个。

3. 身份竞合

（1）委托人可以是受益人，也可以是唯一的受益人。

（2）受托人可以是受益人，但不能是唯一的受益人。

4. 受益人自信托生效之日起享有信托受益权

（1）共同受益人	①共同受益人按照信托文件的规定享有信托利益 ②信托文件未规定的，各受益人按照均等的比例享受信托利益
（2）放弃	受益人可以放弃信托受益权 ①全体受益人放弃信托受益权的，信托终止 ②部分受益人放弃信托受益权的，被放弃的信托受益权按下列顺序确定归属： A. 信托文件规定的人 B. 其他受益人 C. 委托人或者其继承人
（3）可处分	①可以清偿受益人的个人债务；可以被强制执行 ②可以转让和继承

5. 受益人的撤销权、解任权

（1）受益人可以行使对受托人行为的撤销权，对受托人的解任权等，受益人行使上述权利，与委托人意见不一致时，可以申请人民法院作出裁定。

（2）共同受益人之一申请人民法院撤销受托人处分行为的，人民法院所作出的撤销裁定，对全体共同受益人有效。

五、信托的终止

1. 信托的连续性	信托不因委托人或者受托人的死亡、丧失民事行为能力、依法解散、被依法撤销或者被宣告破产而终止，也不因受托人的辞任而终止
2. 信托终止的情形	（1）信托文件规定的终止事由发生 （2）信托的存续违反信托目的 （3）信托目的已经实现或者不能实现 （4）信托当事人协商同意 （5）信托被撤销 （6）信托被解除
3. 后果 ★★★	（1）信托财产归属于信托文件规定的人 （2）信托文件未规定的，按下列顺序确定归属： ①受益人或者其继承人 ②委托人或者其继承人

知识产权法

第一章 著作权法

- 著作权法
  - 1 客体（作品）
    - 1.文学、艺术、科学领域
    - 2. 独创性+以一定形式表现
    - 3. 智慧成果
    - 4. 三类不适用著作权法：官方文件及官方译文、单纯事实消息、历法通用表格
  - 2 主体（作者）
    - 1. 创作作品的自然人是作者
    - 2. 单位主持、意志、责任，单位视为作者
    - 3. 中国作者的作品自作品创作完成之日享有著作权
    - 4. 外国人：所在国或出版地是缔约国
    - 5. 演绎作品、汇编作品：双重许可
    - 6. 委托作品：无约归受托人
    - 7. 合作作品
      - 转让、专有使用许可、出质：一致同意
      - 可分割：分别行使
    - 8. 视听作品：制作者
  - 3 内容
    - 人身权
      - 发表权：首次公之于众
      - 修改权
      - 署名权
      - 保护作品完整权
    - 财产权
      - 复制权、发行权
      - 表演权
      - 出租权
      - 改编权、翻译权
      - 展览权
  - 4 限制
    - 保护期限
      - 视听作品：50年
      - 非视听作品
        - 自然人：终生+死后50年
        - 单位：发表后50年
    - 12种合理使用
      - 无须征得同意
      - 无须支付报酬
      - 不得侵害著作权人的其他权利
    - 4种法定许可使用
      - 仅限于传播者
      - 无须征得同意，但应当支付报酬
  - 5 侵权

一、著作权的客体

（一）作品

1. 概念	文学、艺术和科学领域内，具有独创性并能以一定形式表现的智力创作成果 （1）作品是无形的，作品≠作品的载体 （2）体育运动不是作品
2. 作品的类型	
（1）文字作品	小说、诗歌、散文、论文等以文字形式表现的作品
（2）口述作品	即兴的演说、授课、法庭辩论等以口头语言形式表现的作品
（3）音乐作品★	歌曲、交响乐等能够演唱或者演奏的带词或不带词的作品
（4）戏剧作品	话剧、歌剧、地方戏等供舞台演出的作品
（5）曲艺作品	相声、快书、大鼓、评书等以说唱为主要形式表演的作品
（6）舞蹈作品	通过连续的动作、姿势、表情等表现思想情感的作品
（7）杂技艺术作品	杂技、魔术、马戏等通过形体动作和技巧表现的作品
（8）美术作品	绘画、书法、雕塑等以线条、色彩或者其他方式构成的有审美意义的平面或者立体的造型艺术作品
（9）建筑作品	以建筑物或者构筑物形式表现的有审美意义的作品
（10）摄影作品	借助器械在感光材料或者其他介质上记录客观物体形象的艺术作品
（11）视听作品	①摄制在一定介质上，由一系列有伴音或者无伴音的画面组成，并且借助适当装置放映或者以其他方式传播的作品 ②包括：电影、电视剧作品和其他视听作品
（12）图形作品	工程设计图、产品设计图、地图、示意图等
（13）模型作品	为展示、试验或者观测等用途，根据物体的形状和结构，按照一定比例制成的立体作品
（14）计算机软件作品	计算机程序及其相关文档

（二）著作权法不适用的范围★

1. 官方文件及官方译文	法律、法规，国家机关的决议、决定、命令和其他具有立法、行政、司法性质的文件，及其官方正式译文 【注意】官方文件个人的翻译成果受到著作权法的保护
2. 单纯事实消息	（1）如时事新闻 （2）对于新闻事件的分析、评述不属于单纯事实消息，应当受到著作权法的保护
3. 历法、数表、通用表格和公式	如九九乘法表、化学元素周期表、月历、年历等

二、著作权的内容

（一）人身权

1. 发表权	决定作品是否公之于众的权利 （1）首次；（2）一次用尽
2. 署名权	（1）决定是否署名；（2）决定署名方式
3. 修改权	修改或者授权他人修改作品的权利 【例外】报刊社，可以进行“字词”修改
4. 保护作品完整权	保护作品不受歪曲、篡改的权利

（二）财产权（征得同意 + 支付报酬）

<table>
<tr><td>1. 复制权</td><td>以印刷、复印、拓印、录音、录像、翻录、翻拍、数字化等方式将作品制作一份或者多份的权利</td></tr>
<tr><td>2. 发行权</td><td>以出售或者赠与方式向公众提供作品的原件或者复制件的权利</td></tr>
<tr><td>3. 出租权★</td><td>有偿许可他人临时使用视听作品、计算机软件的原件或者复制件的权利，计算机软件不是出租的主要标的的除外
（1）归属于著作权人，而非实际的出租方
（2）只有视听作品、计算机软件和录音录像制品才产生出租权
（3）音乐作品的作者，没有出租权</td></tr>
<tr><td>4. 展览权</td><td>客体：美术、摄影作品；主体：原件所有人</td></tr>
<tr><td>5. 表演权★</td><td>公开表演作品，以及用各种手段公开播送作品的表演的权利
（1）分为现场表演和机械表演
（2）是作者的权利，而非表演者的权利
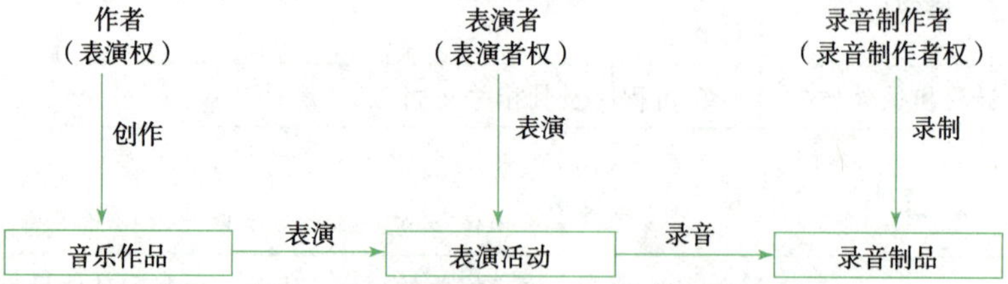

</td></tr>
<tr><td>6. 放映权</td><td>通过放映机、幻灯机等技术设备公开再现美术、摄影、视听作品等的权利</td></tr>
<tr><td>7. 广播权</td><td>（1）以有线或者无线方式公开传播或者转播作品（针对非现场受众）
（2）以及通过扩音器或者其他传送符号、声音、图像的类似工具向公众传播【广播的作品】的权利（针对在现场的受众）
（3）不包括信息网络传播权</td></tr>
<tr><td>8. 信息网络传播权★</td><td>以有线或者无线方式向公众提供，使公众可以【在其个人选定的时间和地点获得作品】的权利
笔记：作者、表演者、录音录像制作者、广播组织均有信息网络传播权</td></tr>
</table>

续表

9. 摄制权	以摄制视听作品的方法将作品固定在载体上的权利
10. 改编权	改变作品，创作出具有独创性的新作品的权利
11. 翻译权	将作品从一种语言文字转换成另一种语言文字的权利
12. 汇编权	将作品或者作品的片段通过选择或者编排，汇集成新作品的权利
陷阱提示 （1）上述权利属于著作权人，而不是具体的行为人 （2）并非每一类作品均产生上述所有的权利，著作权的内容由作品的类型而定	

三、著作权的归属

（一）著作权的取得

1. 中国公民、单位的作品	不论是否发表，自创作完成之日起，享有著作权
2. 外国人、无国籍人的作品	所在国或出版国，其一缔约，即受保护

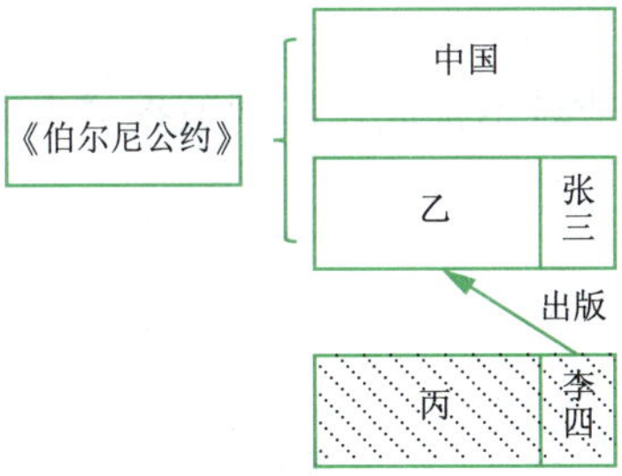

（二）著作权的主体：作者

1. 自然人作者	创作作品的自然人是作者 （1）创作，是指直接产生文学、艺术和科学作品的智力活动 （2）为他人创作进行组织工作，提供咨询意见、物质条件，或进行了其他辅助工作，均不视为创作
2. 单位视为作者	由单位主持，代表单位意志创作，并由单位承担责任的作品，单位视为作者
3. 他人执笔的报告、讲话	由他人执笔，本人审阅定稿并以本人名义发表的报告、讲话等作品 （1）著作权归报告人或者讲话人享有 （2）著作权人可以支付执笔人适当的报酬
4. 特殊的自传体作品	当事人合意以特定人物经历为题材完成的自传体作品 （1）当事人对著作权权属有约定的，依其约定 （2）没有约定的，著作权归该特定人物享有，执笔人或整理人对作品完成付出劳动的，著作权人可以向其支付适当的报酬

续表

5. 著作权集体管理组织	（1）著作权人和与著作权有关的权利人可以授权著作权集体管理组织行使著作权或者与著作权有关的权利 （2）被授权后可以以自己的名义为权利人主张权利，并可以作为当事人进行诉讼、仲裁、调解活动 （3）著作权集体管理组织根据授权向使用者收取使用费，使用费标准如下 【协商】——【申请裁决】——【起诉】（可直接起诉）

（三）特殊类型作品

1. 演绎作品★——改编、翻译、注释、整理而形成的新作品

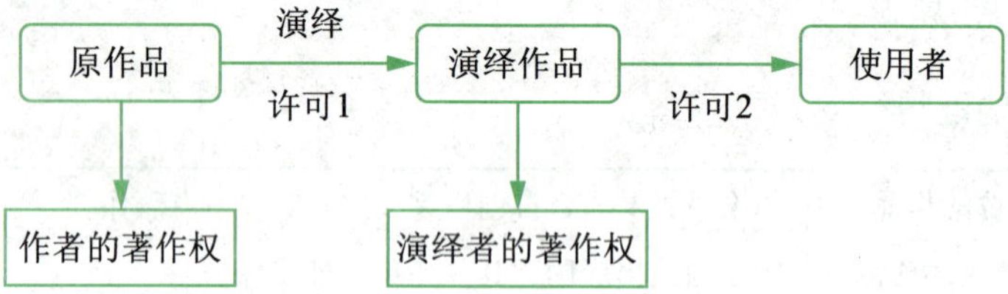

2. 汇编作品——报纸、期刊、数据库、论文集等

（1）概念

汇编若干作品、作品的片段或者不构成作品的数据或者其他材料，对其内容的选择或者编排体现独创性的作品，为汇编作品。

（2）著作权由汇编人享有。

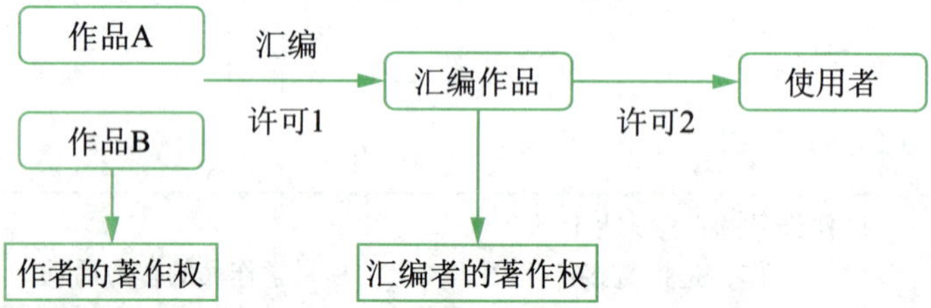

3. 视听作品★

（1）电影作品、电视剧作品	①著作权由制作者享有 ②编剧、导演、摄影、作词、作曲等作者享有署名权，并有权按照与制作者签订的合同获得报酬
（2）其他视听作品	①著作权归属由当事人约定 ②没有约定或者约定不明确的，由制作者享有，但作者享有署名权和获得报酬的权利
（3）视听作品中的剧本、音乐等可以单独使用的作品的作者有权单独行使其著作权	

4. 合作作品★

（1）归属	合作作品的著作权属于全体作者
（2）著作权的行使	①先协商一致行使 ②协商不成的，无正当理由任何人不得阻碍他方行使除：A. 转让；B. 许可他人专有使用；C. 出质以外的权利 ③所得收益应合理分配给所有合作作者
（3）可分割行使的	作者对于各自创作的部分单独享有著作权

5. 职务作品——公民为完成法人或者非法人组织工作任务所创作的作品

（1）一般职务作品	①权利归属 著作权归作者，但单位有权在其业务范围内优先使用 ②单位2年内的优先使用权 作品完成2年内，作者许可第三人以与单位相同的使用方式使用该作品：A. 经单位同意；B. 所获报酬，由作者与单位按约定的比例分配
（2）特殊职务作品	①权利归属 作者享有署名权，著作权的其他权利由单位享有，单位可以给予作者奖励 ②情形 A. 四图一件：主要是利用单位的物质技术条件创作，并由单位承担责任的工程设计图、产品设计图、地图、示意图、计算机软件等职务作品 B. 三社两台：报社、期刊社、通讯社、广播电台、电视台的工作人员创作的职务作品 C. 法律、行政法规规定或者合同约定著作权由法人或者非法人组织享有的职务作品

6. 委托作品

有约从约，无约归受托人，委托人可使用。

7. 美术作品、摄影作品

（1）原件转移≠著作权转移；买受人享有原件的展览权。

（2）作者将未发表的美术、摄影作品的原件所有权转让给他人，受让人展览该原件不构成对作者发表权的侵犯。

四、著作权的限制

（一）合理使用（无同意+无报酬）

1. 自学	为个人学习、研究或者欣赏，使用他人已经发表的作品
2. 引用	为介绍、评论某一作品或者说明某一问题，在作品中适当引用他人已经发表的作品

续表

媒体	3. 新闻	为报道新闻，在报纸、期刊、广播电台、电视台等媒体中不可避免地再现或者引用已经发表的作品
	4. 时事性文章	报纸、期刊、广播电台、电视台等媒体刊登或者播放其他报纸、期刊、广播电台、电视台等媒体已经发表的关于政治、经济、宗教问题的时事性文章，但著作权人声明不许刊登、播放的除外
	5. 公众集会讲话	报纸、期刊、广播电台、电视台等媒体刊登或者播放在公众集会上发表的讲话，但作者声明不许刊登、播放的除外
6. 学校课堂教学 ★★★		（1）为学校课堂教学或者科学研究 （2）改编、汇编、播放或者少量复制已经发表的作品 （3）供教学或者科研人员使用 （4）但不得出版发行
7. 公务		国家机关为执行公务在合理范围内使用已经发表的作品
8. 馆藏		图书馆、档案馆、纪念馆、博物馆、文化馆等为陈列或者保存版本的需要，复制本馆收藏的作品
9. 免费表演 ★★★		（1）两端免费：免费表演已经发表的作品，该表演未向公众收取费用，也未向表演者支付报酬 （2）且不以营利为目的
10. 远观★		对设置或者陈列在公共场所的艺术作品进行临摹、绘画、摄影、录像
11. 民族		将中国公民、法人或者非法人组织已经发表的以国家通用语言文字创作的作品翻译成少数民族语言文字作品在国内出版发行
12. 阅读障碍★		以阅读障碍者能够感知的无障碍方式向其提供已经发表的作品 （1）针对弱视者，改编为“大字版” （2）改编成盲文 （3）针对盲人和阅读障碍者，改编为语音版

（二）法定许可（无同意，有报酬）（了解）

1. 报刊转载	作品在报纸、期刊刊登后，除著作权人声明不得转载、摘编的外，其他报刊可以转载或者作为文摘、资料刊登，但应当按照规定向著作权人支付报酬
2. 音乐再录	录音制作者使用他人已经合法录制为录音制品的音乐作品制作录音制品，可以不经著作权人许可，但应当按照规定支付报酬；著作权人声明不许使用的不得使用

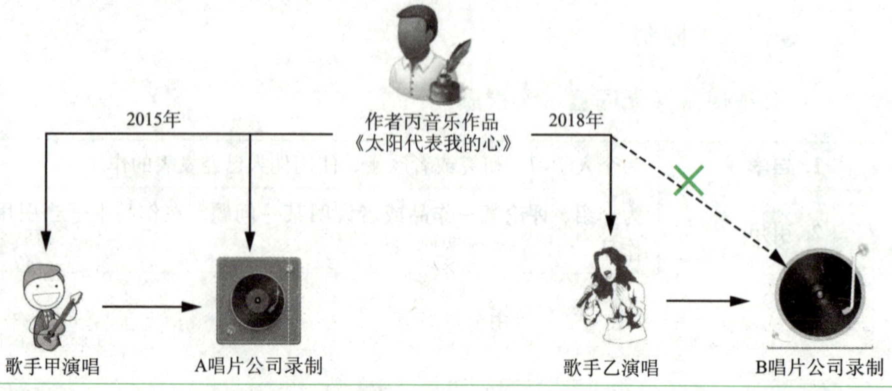

续表

3. 广电特权	广播电台、电视台播放他人已发表的作品（不含视听作品），可以不经著作权人许可，但应当按照规定支付报酬
4. 编写教科书	为实施义务教育和国家教育规划而编写出版教科书，可以不经著作权人许可，在教科书中汇编已经发表的作品片段或者短小的文字作品、音乐作品或者单幅的美术作品、摄影作品、图形作品，但应当按照规定向著作权人支付报酬 指明作者姓名或者名称、作品名称，并且不得侵犯著作权人依照本法享有的其他权利

五、邻接权

（一）表演者

1. 人身权

（1）表明表演者身份。

（2）保护表演形象不受歪曲。

2. 财产权（征得同意＋支付报酬）★★★

（1）网络	许可他人通过信息网络向公众传播其表演，并获得报酬
（2）录制	许可他人录音录像，并获得报酬
（3）直播	许可他人从现场直播和公开传送其现场表演，并获得报酬
（4）复发	许可他人复制、发行录有其表演的录音录像制品，并获得报酬
（5）出租	许可他人出租录有其表演的录音录像制品，并获得报酬
被许可人以前述的方式使用作品，还应当取得著作权人许可，并支付报酬	

笔记：网上录直播，复发租光盘。

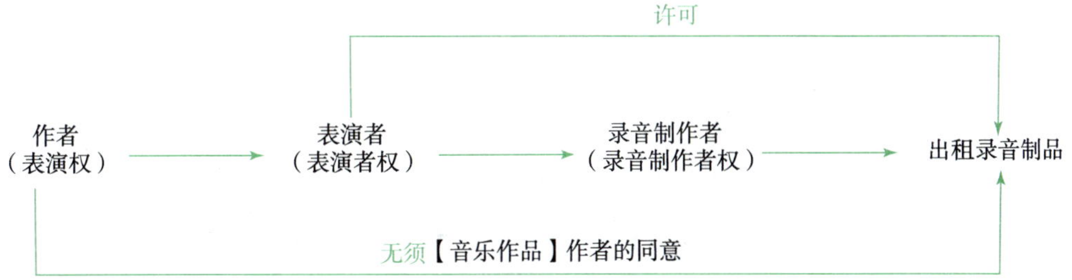

3. 职务表演——演员为完成本演出单位的演出任务进行的表演

（1）权利归属	①演员享有表明身份和保护表演形象不受歪曲的权利，其他权利归属由当事人约定 ②当事人没有约定或者约定不明确的，职务表演的权利由演出单位享有
（2）单位的权利	职务表演的权利由演员享有的，演出单位可以在其业务范围内免费使用该表演

（二）录音录像制作者

1. 录音录像制作者的义务

（1）使用他人作品制作录音录像制品，应当①取得著作权人许可；②同表演者订立合同，并支付报酬。

（2）使用演绎作品的义务——双重许可。

2. 录音录像制作者的权利（征得同意＋支付报酬）★★★

（1）网络	许可他人通过信息网络向公众传播并获得报酬
（2）复发	许可他人复制、发行并获得报酬的权利
（3）出租	许可他人出租并获得报酬的权利
被许可人：有上述行为，应当同时取得著作权人、表演者许可，并支付报酬；被许可人出租录音录像制品，还应当取得表演者许可，并支付报酬	

笔记：网上，复发租光盘。

【归纳总结】出租权的客体：视听作品、计算机软件、录音录像制品。

3. 录音制作者的获酬权（不需要征得同意＋仅支付报酬）★★★

将录音制品用于有线或者无线公开传播，或者通过传送声音的技术设备向公众公开播送的，应当向录音制作者支付报酬	
（1）	广播电台、电视台播放音乐，应当向录音制作者支付报酬
（2）	餐厅等机械表演，应当向录音制作者支付报酬

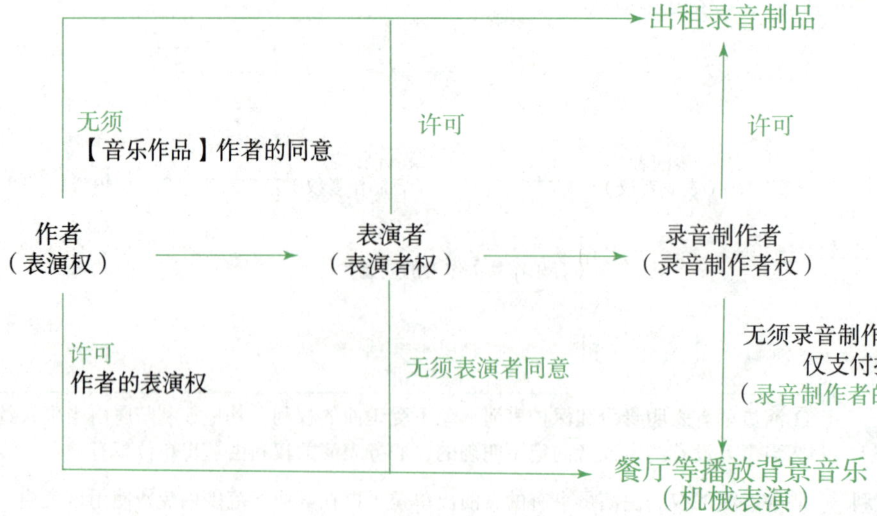

【归纳总结】邻接权的核心

表演者 x5	网上录直播，复发租光盘
录制者 x3	网上，复发租光盘
	获酬权

模拟题

刘安琪创作了一首歌曲《法考人之歌》，发表在某音乐杂志上。韩心怡在其演唱会上演唱，经典唱片公司对韩心怡的现场演唱进行了录制，并复制发行唱片。爱书人书店采购了上述唱片，为提升顾客购物体验，将韩心怡的歌曲当作背景音乐，进行播放；并将部分唱片用于出租。下列正确的是?[1]（多选）★★★

A. 韩心怡在演唱会上演唱《法考人之歌》，应当征得刘安琪的同意，并支付报酬
B. 经典唱片公司的录制行为，应当征得刘安琪同意，并支付报酬
C. 经典唱片公司的录制行为，应当征得韩心怡同意，并支付报酬
D. 经典唱片公司复制发行唱片的行为，应当征得刘安琪同意，并支付报酬
E. 经典唱片公司复制发行唱片的行为，应当征得韩心怡同意，并支付报酬
F. 爱书人书店播放背景音乐的行为，应当征得刘安琪同意，且支付报酬
G. 爱书人书店播放背景音乐的行为，应当征得韩心怡同意，且支付报酬
H. 爱书人书店播放背景音乐的行为，应当征得经典唱片公司同意，且支付报酬
I. 爱书人书店出租行为，应当征得刘安琪同意，且支付报酬
J. 爱书人书店出租行为，应当征得韩心怡同意，且支付报酬
K. 爱书人书店出租行为，应当征得经典唱片公司同意，且支付报酬

（三）广播电台、电视台（广播组织）

1. 广播组织的义务	（1）使用未发表的作品：应当取得著作权人许可，并支付报酬
	（2）使用已发表的作品（法定许可）：可以不经著作权人许可，但应当按照规定支付报酬
	（3）视听作品、录像制品不适用法定许可 ①电视台播放他人的视听作品、录像制品，应当取得视听作品著作权人或者录像制作者许可，并支付报酬 ②播放他人的录像制品，还应当取得著作权人许可，并支付报酬
	（4）将录音制品用于有线或者无线公开传播，应当向录音制作者支付报酬
2. 广播组织的权利	广播电台、电视台有权禁止未经其许可的下列行为 （1）将其播放的广播、电视以有线或者无线方式转播 （2）将其播放的广播、电视录制以及复制 （3）将其播放的广播、电视通过信息网络向公众传播

[1] 答案：ABCDEFJK。

六、著作权侵权赔偿金额的确定

【实际损失或侵权所得】——【权利使用费】——【500元~500万元】

第二章 专利法

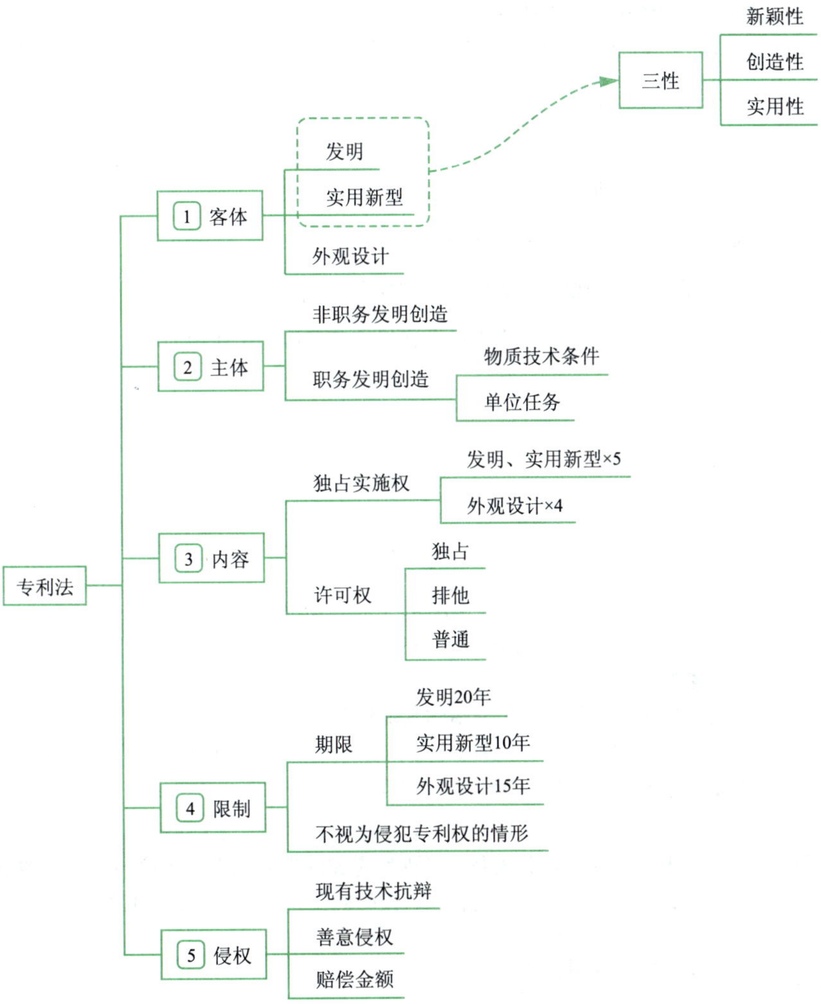

一、专利权的客体

1. 发明	（1）概念：对产品、方法或其改进所提出的新的技术方案 （2）包括产品发明和方法发明

续表

2. 实用新型	（1）概念：对产品的形状、构造或者其结合所提出的适于使用的新的技术方案 （2）不包括“方法”
3. 外观设计	（1）概念：对产品的整体的或局部的形状、图案或者其组合以及色彩与形状、图案的结合所作出的富有美感并适于工业应用的新设计 （2）是“新设计”，不是“技术方案”

二、不授予专利权的对象

1	（1）违反法律、社会公德或妨害公共利益的发明创造 （2）对违反法律、行政法规的规定获取或利用遗传资源，并依赖该遗传资源完成的发明创造
2	科学发现
3	智力活动的规则和方法
4	疾病的诊断和治疗方法（但药品和医疗器械可以）
5	动物和植物品种（但动植物品种的生产方法可以）
6	原子核变换方法以及用原子核变换方法获得的物质
7	对平面印刷品的图案、色彩或者二者的结合作出的主要起标识作用的设计

三、专利权的主体

（一）非职务发明创造，专利申请权归发明人/设计人

（二）职务发明创造，专利申请权归单位

1. 概念	（1）主要是利用本单位的物质技术条件所完成的发明创造 （2）执行本单位的任务所完成的发明创造 ①本职工作 ②本职工作以外，单位交给的其他任务 ③退休退职，调动工作后，1 年内作出的，与原单位本职工作或任务有关的发明创造，仍属于原单位的职务发明创造
2. 权利归属	（1）职务发明创造申请专利的权利属于该单位，申请被批准后，该单位为专利权人 （2）利用本单位的物质技术条件所完成的发明创造，单位与发明人或者设计人订有合同，对申请专利的权利和专利权的归属作出约定的，从其约定
3. 发明人、设计人的权利	获得奖励、获得报酬权

模拟题

工程师王某在甲公司的职责是研发电脑鼠标。下列哪些说法是错误的？[1]（2012 年，多选）

---

〔1〕 答案：BCD。

A. 王某利用业余时间研发的新鼠标的专利申请权属于甲公司
B. 如王某没有利用甲公司物质技术条件研发出新鼠标，其专利申请权属于王某
C. 王某主要利用了单位物质技术条件研发出新型手机，其专利申请权属于王某
D. 如王某辞职后到乙公司研发出新鼠标，其专利申请权均属于乙公司

四、专利申请、审查与授权的实质条件

（一）专利申请

1. 申请文件

（1）发明、实用新型	①请求书；②说明书及其摘要；③权利要求书
（2）外观设计	①请求书；②外观设计图片或照片

2. 申请日

国务院专利行政部门收到专利申请文件之日为申请日。

3. 优先权

（1）国际优先权	①发明、实用新型：申请人在外国第一次提出专利申请之日起12个月内 ②外观设计：申请人在外国第一次提出专利申请之日起6个月内 又在中国就相同主题提出专利申请的，可以享有优先权
（2）国内优先权	①发明、实用新型：申请人在中国第一次提出专利申请之日起12个月内 ②外观设计：申请人在中国第一次提出专利申请之日起6个月内 又向国务院专利行政部门就相同主题提出专利申请的，可以享有优先权

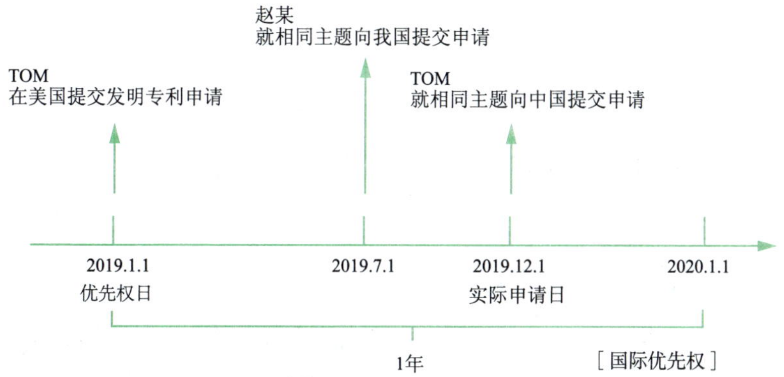

（二）专利审查

1. 审查方式

（1）发明	形式审查+实质审查
（2）实用新型、外观设计	仅形式审查

2. 复审

（1）专利申请人对国家知识产权局驳回申请的决定不服，可以自收到通知之日起3个月

内，向国家知识产权局请求复审。

（2）对国家知识产权局的决定不服的，以国家知识产权局为被告提起行政诉讼。

（三）授权的实质条件

1. 发明、实用新型专利授权的实质条件

（1）新颖性

①不属于现有技术	A. 现有技术 申请日以前在国内、国外为公众所知的技术 B. 技术公开的方式 出版物公开 + 使用公开 + 其他方式公开
②没有抵触申请	没有任何单位或个人就同样的发明或实用新型在申请日以前向国务院专利行政部门提出过申请，并记载在申请日以后公布的专利申请文件或公告的专利文件中
③公开不丧失新颖性的例外	申请专利的发明创造在申请日以前6个月内，有下列情形之一的，不丧失新颖性 A. 在国家出现紧急状态或者非常情况时，为公共利益目的首次公开的 B. 在中国政府主办或者承认的国际展览会上首次展出的 C. 在规定的学术会议或者技术会议上首次发表的 D. 他人未经申请人同意而泄露其内容的

（2）创造性

与现有技术相比：

①该发明具有突出的实质性特点和显著的进步。

②该实用新型具有实质性特点和进步。

（3）实用性

该发明或者实用新型能够制造或者使用，并且能够产生积极效果。

2. 外观设计专利授权的实质条件

（1）新颖性；

（2）区别性；

（3）授予专利权的外观设计不得与他人在申请日以前已经取得的合法权利相冲突。

五、专利权人的权利

（一）独占实施权★★★

专利权被授予后，任何单位或者个人未经专利权人许可，都不得实施其专利，即不得为生产经营目的					
发明、实用新型	1. 制造	2. 销售	3. 许诺销售	4. 进口	5. 使用
外观设计	1. 制造	2. 销售	3. 许诺销售	4. 进口	—

【注意】与发明、实用新型相比，外观设计专利权人无使用权能，意味着，他人为生产经营目的，针对外观设计专利产品的使用行为并不侵权。

（二）实施许可权

1. 许可的类型和诉权

（1）独占实施许可	①概念 在合同约定的时间和地域范围内，专利权人（许可人）只授权一家被许可人使用其专利，许可人和任何第三人均不享有使用权 ②诉权 被许可人可以单独起诉侵犯专利权的行为
（2）排他实施许可	①概念 在合同约定的时间和地域范围内，专利权人（许可人）只授权一家被许可人使用专利，许可人保留对专利的使用权，但任何其他第三人均不享有使用权 ②诉权 A. 专利权人与被许可人可共同起诉 B. 被许可人在专利权人不起诉的情况下，可以单独起诉
（3）普通实施许可	①概念 在合同约定的时间和地域范围内，专利权人（许可人）授权多家被许可人使用其专利，且许可人自己也保留对该专利的使用权 ②诉权 A. 被许可人不享有起诉权 B. 双方可以约定被许可人可以单独起诉 + 权利人书面授权单独提起诉讼

2. 禁止转许可：被许可人无权允许合同规定以外的任何单位或者个人实施该专利。

3. 专利实施的特别许可

（1）国有主体发明专利的特别许可

①前提	国有企业事业单位的发明专利，对国家利益或者公共利益具有重大意义的
②程序	国务院有关主管部门和省、自治区、直辖市人民政府报经国务院批准，可以决定在批准的范围内推广应用，允许指定的单位实施
③使用费	由实施单位按照国家规定向专利权人支付使用费

（2）开放许可★★★

①概念	A. 专利权人自愿以书面方式向国务院专利行政部门声明愿意许可任何单位或者个人实施其专利，并明确许可使用费支付方式、标准的，由国务院专利行政部门予以公告，实行开放许可 B. 就实用新型、外观设计专利提出开放许可声明的，应当提供专利权评价报告 C. 开放许可实施期间，对专利权人缴纳专利年费相应给予减免
②程序	任何主体有意愿实施开放许可的专利的，以书面方式通知专利权人，并依照公告的许可使用费支付方式、标准支付许可使用费后，即获得专利实施许可
③许可方式	普通许可，不得就该专利给予独占或者排他许可

六、专利宣告无效

（一）申请主体和条件

自公告授予专利权之日起，任何单位或者个人认为该专利权的授予不符合专利法有关规定的，可以请求国家知识产权局，宣告该专利无效。

（二）无效宣告的法律后果★

1. 具有溯及力	无效宣告的决定具有溯及力，被宣告无效的专利权视为自始即不存在
2. 例外	宣告专利权无效的决定，对在宣告专利权无效前的下列行为不具有溯及力 （1）人民法院作出并已执行的专利侵权的判决、调解书 （2）已经履行或者强制执行的专利侵权纠纷处理决定 （3）已经履行的专利实施许可合同和专利权转让合同，不具有追溯力 但是，如果是因为专利权人的恶意给他人造成的损失，应当给予赔偿（同注册商标）

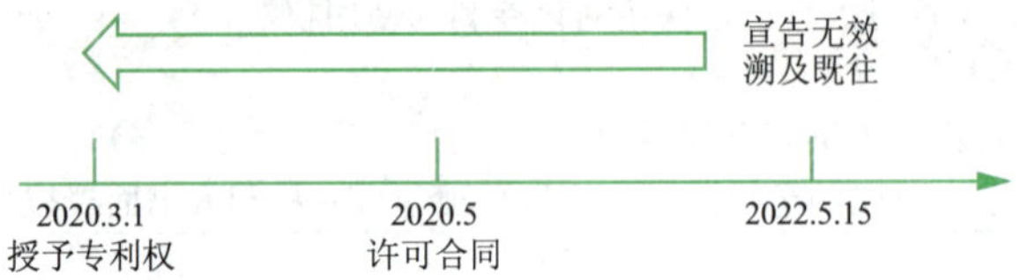

七、专利的期限

（一）专利期限	1. 发明专利权的期限为 20 年 2. 实用新型专利权的期限为 10 年 3. 外观设计专利权的期限为 15 年 上述期限均自实际申请日起计算，而非优先权日 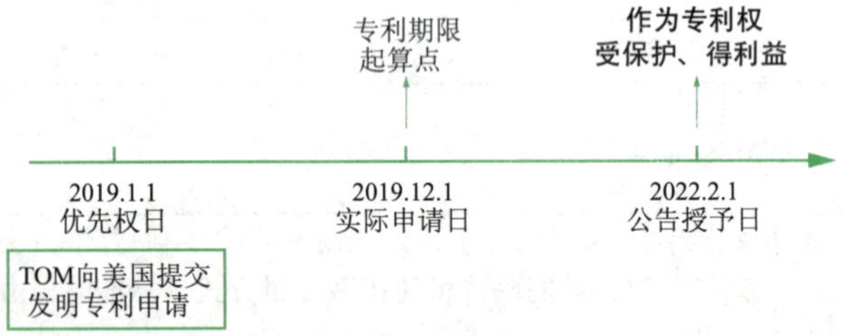
（二）请求延长专利保护期限	自发明专利申请日起满 4 年，且自实质审查请求之日起满 3 年后授予发明专利权的，应专利权人的请求，就发明专利在授权过程中的不合理延迟给予专利权期限补偿，但由申请人引起的不合理延迟除外

八、专利侵权

（一）现有技术抗辩

被控侵权人有证据证明其实施的技术或者设计属于现有技术或者现有设计的，不构成侵犯专利权。

（二）新产品制造方法发明专利纠纷

1. 举证责任倒置

专利侵权纠纷涉及新产品制造方法的发明专利的，制造同样产品的单位或者个人应当提供其产品制造方法不同于专利方法的证明。

2. 新产品

产品（或生产产品的技术方案）在专利申请日以前不为国内外公众所知。

（三）专利权的善意侵权

1. 侵权但不赔偿	（1）为生产经营目的使用、许诺销售或者销售 （2）不知道是未经专利权人许可而制造并售出的专利侵权产品 （3）能证明该产品合法来源的，不承担赔偿责任
2. 停止侵权	对权利人请求停止使用、许诺销售、销售行为的主张，法院应当予以支持
3. 继续使用	被诉侵权产品的使用者举证证明其已支付该产品合理对价的除外

模拟题

甲公司与乙公司签订买卖合同，以市场价格购买乙公司生产的设备一台，双方交付完毕。设备投入使用后，丙公司向法院起诉甲公司，提出该设备属于丙公司的专利产品，乙公司未经许可制造并销售了该设备，请求法院判令甲公司停止使用。经查，乙公司侵权属实，但甲公司并不知情。关于此案，法院下列哪一做法是正确的?[1]（单选）

A. 驳回丙公司的诉讼请求

B. 判令甲公司支付专利许可使用费

C. 判令甲公司与乙公司承担连带责任

D. 判令先由甲公司支付专利许可使用费，再由乙公司赔偿甲公司损失

（四）不视为侵犯专利权的行为★★★

领域	限制
时间	首次销售，权利耗尽 专利产品或依专利方法直接获得的产品，由专利权人或者经其许可的单位、个人售出后，使用、许诺销售、销售和进口该产品的行为不视为侵犯专利权 【陷阱提示】不含“制造”行为 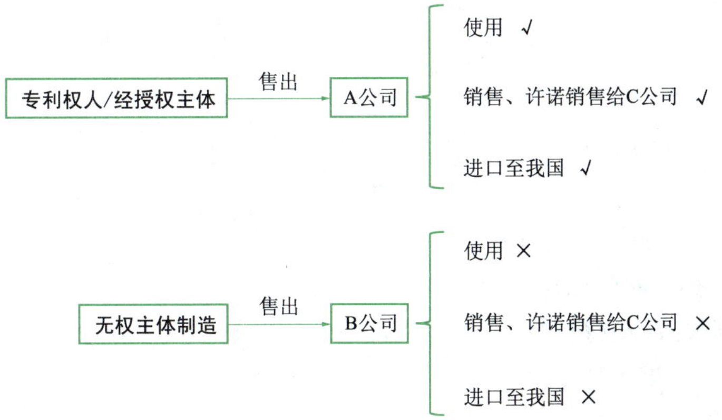

〔1〕答案：A。

续表

领域	限制
空间	1. 先行实施 在专利申请日前已经开始制造相同产品、使用相同技术，或者已经做好制造、使用的准备的，依法可以在原有范围内继续制造、使用该项技术，不视为侵犯专利权
	2. 临时过境 临时过境的外国运输工具，为运输工具自身需要而在其装置和设备中使用有关专利的，不视为侵犯专利权
目的	1. 非营利实施：专为科学研究和实验而使用有关专利的，不视为侵犯专利权
	2. 行政审批需要 为提供行政审批所需要的信息，制造、使用、进口专利药品或者专利医疗器械的，以及专门为其制造、进口专利药品或者专利医疗器械的，不视为侵犯专利权

真 题

W 研究所设计了一种高性能发动机，在我国和《巴黎公约》成员国 L 国均获得了发明专利权，并分别给予甲公司在我国、乙公司在 L 国的独占实施许可。下列哪一行为在我国构成对该专利的侵权？[1]（2016 年，单选）

A. 在 L 国购买由乙公司制造销售的该发动机，进口至我国销售

B. 在我国购买由甲公司制造销售的该发动机，将发动机改进性能后销售

C. 在我国未经甲公司许可制造该发动机，用于各种新型汽车的碰撞实验，以测试车身的防撞性能

D. 在 L 国未经乙公司许可制造该发动机，安装在 L 国客运公司汽车上，该客车曾临时通过我国境内

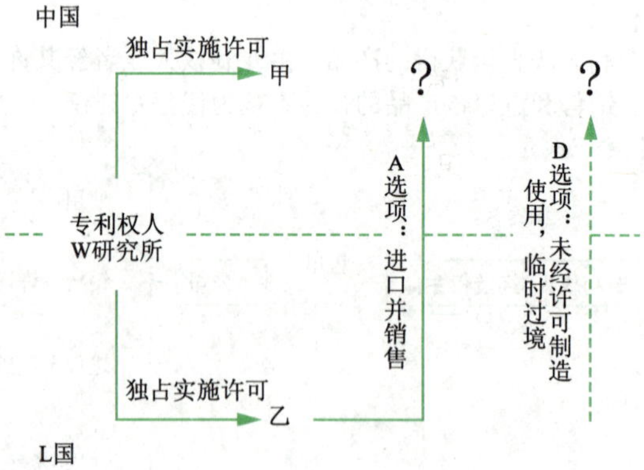

（五）赔偿数额的确定

【实际损失或侵权获利】——【专利许可使用费】——【3 万元～500 万元】

〔1〕 答案：C。

第三章 商标法

一、商标的概念和分类

（一）概念

任何能够将自然人、法人或者其他组织的商品与他人的商品区别开的标志，包括文字、图形、字母、数字、三维标志、颜色组合和声音等，以及上述要素的组合，均可以作为商标申请注册。

（二）注册商标的分类

1. 根据识别对象不同划分

（1）商品商标	商品的生产者或经营者为了使自己生产或经营的商品与他人生产或经营的商品区别开来，而使用的标志 包括：制造商标和销售商标
（2）服务商标	提供服务的经营者为了将自己提供的服务与他人提供的服务区别开来，而使用的标志

2. 根据商标权人的身份和商标所起作用不同划分

一	主体	使用者	目的	案例
（1）集体商标	以团体、协会或者其他组织名义注册	供该组织成员在商事活动中使用	表明使用者在该组织中的成员资格	SHAXIAN SNACKS 沙县小吃
（2）证明商标	由对某种商品或者服务具有监督能力的组织所控制	由该组织以外的单位或者个人使用于其商品或者服务	用以证明该商品或者服务的原产地、原料、制造方法、质量或者其他特定品质	绿色食品 GreenFood

题目

河川县盛产荔枝，远近闻名。该县成立了河川县荔枝协会，申请注册了“河川”商标，核定使用在荔枝商品上，许可本协会成员使用。加入该荔枝协会的农户将有“河川”商标包装的荔枝批发给盛联超市销售。超市在销售该批荔枝时，在荔枝包装上还加贴了自己的注册商标“盛联”。下列哪些说法是正确的？[1]（2015 年，多选）

A.“河川”商标是集体商标

B.“河川”商标是证明商标

C.“河川”商标使用了县级以上行政区划名称，应被宣告无效

D. 盛联超市的行为没有侵犯商标权

二、不予注册的情形

（一）不予注册的绝对理由——损害公共利益

1. 标志内容违法（不能使用，也不能注册）

（1）与特定官方标志相同或近似	①同中华人民共和国的国家名称、国旗、国徽、国歌、军旗、军徽、军歌、勋章等相同或者近似的，以及同中央国家机关的名称、标志、所在地特定地点的名称或者标志性建筑物的名称、图形相同的 ②同外国的国家名称、国旗、国徽、军旗等相同或者近似的，但该国政府同意的除外 ③同政府间国际组织的名称、旗帜、徽记等相同或者近似的，但经该组织同意或者不易误导公众的除外 ④与表明实施控制、予以保证的官方标志、检验印记相同或者近似的，但经授权的除外 ⑤同“红十字”“红新月”的名称、标志相同或者近似的
（2）民族歧视、欺骗公众或损害道德风尚等不良影响	①带有民族歧视性的 ②带有欺骗性，容易使公众对商品的质量等特点或者产地产生误认的 ③有害于社会主义道德风尚或者有其他不良影响的。如“MLGB”“512”
（3）特定的中外地名	县级以上行政区划的地名或者公众知晓的外国地名，不得作为商标 例外： ①地名具有其他含义 ②作为集体商标、证明商标组成部分的除外 ③已经注册的使用地名的商标继续有效

2. 标志不具有显著性（可以使用，但不得注册）

（1）固有显著性不足	①仅有本商品的通用名称、图形、型号的
	②仅直接表示商品的质量、主要原料、功能、用途、重量、数量及其他特点的
	③其他缺乏显著特征的
（2）获得显著性，可以注册	标志经过使用取得显著特征，并便于识别的，可以作为商标注册

〔1〕答案：AD。

3. 三维标志不得注册的情形（可以使用，但不得注册）

（1）仅由商品自身的性质产生的形状。

（2）为获得技术效果而需有的商品形状。

（3）使商品具有实质性价值的形状。

4. 申请注册的范围、方式和目的违法

（1）商标代理机构申请注册除代理服务之外的其他商标。

（2）不以使用为目的恶意注册★

①基本规定	不以使用为目的的恶意商标注册申请，应当予以驳回
②恶意的认定	A. 囤积、抢注商标等行为属于恶意 B. 防御商标属于善意

（3）采用欺骗或其他不正当手段进行注册。

（二）不予注册的相对理由——损害特定民事主体利益

—	情形
1. 与他人驰名商标相同或近似	（1）未注册的驰名商标 就相同或者类似商品申请注册的商标是复制、摹仿或者翻译他人未在中国注册的驰名商标，容易导致混淆的
	（2）注册的驰名商标 就不相同或者不相类似商品申请注册的商标是复制、摹仿或者翻译他人已经在中国注册的驰名商标，误导公众，致使该驰名商标注册人的利益可能受到损害的
2. 代理人、代表人和其他关系人抢注	（1）代理人、代表人抢注 未经授权，代理人或者代表人以自己的名义将被代理人或者被代表人的商标进行注册
	（2）其他关系人抢注 就同一种商品或者类似商品申请注册的商标与他人在先使用的未注册商标相同或者近似，申请人与该他人具有代理或代表以外的合同、业务往来关系或者其他关系而明知该他人商标存在
3. 误导使用地理标志	商标中有商品的地理标志，而该商品并非来源于该标志所标示的地区，误导公众的
4. 与在先注册或初步审定的商标相同或近似	同他人在同一种商品或者类似商品上已经注册的或者初步审定的商标相同或者近似的
5. 以不正当手段抢注他人已有一定影响的未注册商标	（1）不正当手段抢注：知道已有一定影响的在先商标，进行抢注 （2）被抢注的商标：有一定影响
6. 侵犯在先权利	申请商标注册损害他人现有的在先权利

三、商标的注册申请与审查

（一）商标注册的原则（了解）

1. 申请在先原则：申请在先者获得商标专用权，在后者的申请予以驳回。申请日期，以商标局收到申请文件的日期为准。

2. 自愿注册。

3. 分类申请

（1）商标注册申请人应当按规定的商品分类表填报使用商标的商品类别和商品名称，提出注册申请。

（2）一标多类：商标注册申请人可以通过一份申请就多个类别的商品申请注册同一商标。

（二）商标代理

1. 办理方式	（1）中国人或者中国企业 可以自行办理，也可以委托依法设立的商标代理机构办理
	（2）外国人或者外国企业 应当委托依法设立的商标代理机构办理
2. 义务	（1）委托人申请注册的商标可能存在不得注册情形的（标志内容具有违法性、不显著、三维标志不得注册），商标代理机构应当明确告知委托人
	（2）商标代理机构知道或者应当知道委托人申请注册的商标有下列情形的，不得接受委托： ①不以使用为目的的恶意注册 ②代理人，合同、业务往来关系或者其他关系人抢注的 ③损害他人现有的在先权利、抢注他人在先使用且有一定影响力商标
	（3）①只能在“代理服务”上申请商标注册；②商标代理机构除对其代理服务申请商标注册外，不得申请注册其他商标

（三）商标注册申请的审查

形式审查 → 实质审查 → 初步审定公告 → 异议期 → 核准注册

1. 形式审查	（1）阶段：国家知识产权局收到商标注册申请后 （2）审查内容：申请人资格；申请书和图样是否符合要求；是否符合分类申请原则
2. 实质审查	（1）阶段：经过形式审查未发现问题，决定受理，发给“受理通知书”，同时进入实质审查阶段 （2）审查内容 ①是否存在不予注册的“绝对理由” ②是否与他人在相同或类似商品上已注册或初步审定的商标相同或近似 ③是否误导性地使用地理标志
3. 初步审定公告	经过实质审查，符合《商标法》规定的，予以初步审定并公告

续表

<table>
<tr><td rowspan="4">4. 商标异议
★</td><td colspan="3">（1）阶段：对于初步审定的商标，自公告之日起 3 个月内
（2）商标异议的类型</td></tr>
<tr><td>类型</td><td>主体</td><td>理由</td></tr>
<tr><td>不予注册的绝对理由</td><td>任何人</td><td>损害公共利益</td></tr>
<tr><td>不予注册的相对理由</td><td>在先权利人和利害关系人</td><td>损害了其民事权利</td></tr>
<tr><td>5. 复审</td><td colspan="3">（1）国家知识产权局作出不予注册的决定，商标申请人不服的，可以在收到通知之日起 15 日内向国家知识产权局申请复审
（2）对复审决定不服的，以国家知识产权局为被告提起行政诉讼</td></tr>
<tr><td>6. 核准注册</td><td colspan="3">公告期满无人提出异议的，国家知识产权局予以核准注册，发给商标注册证，并进行公告</td></tr>
</table>

四、商标续展、转让与许可

（一）注册商标的有效期限

注册商标的有效期是 10 年，自核准注册之日起计算。

（二）续展手续的办理

1. 办理期限	（1）注册商标期满前 12 个月内办理续展手续 （2）在此期间未能办理的，可以给予 6 个月的宽展期
2. 续展注册有效期	10 年，自该商标上一届有效期满次日起计算
3. 未续展	期满未办理续展手续的，注销其注册商标

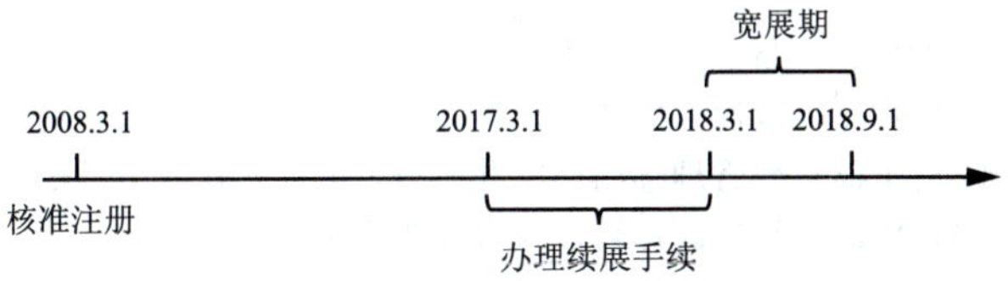

（三）注册商标的转让

1. 共同申请	转让注册商标的，转让人和受让人共同向商标局提出申请
2. 一并转让	商标注册人对其在同一种商品上注册的近似的商标，或者在类似商品上注册的相同或者近似的商标，应当一并转让
3. 公告生效	转让注册商标经核准后，予以公告。受让人自公告之日起享有商标专用权 【注意】公告是商标专用权转让的生效要件，而非商标转让合同的生效要件
4. 不予核准情形	对容易导致混淆或者有其他不良影响的转让，商标局不予核准
5. 不影响许可合同效力	注册商标的转让不影响转让前已经生效的商标使用许可合同的效力，但商标使用许可合同另有约定的除外

（四）注册商标的许可使用

1. 质量监督	许可人应当监督被许可人使用其注册商标的商品质量
2. 备案	（1）许可他人使用其注册商标的，许可人应当将其商标使用许可报商标局备案，由商标局公告 （2）商标使用许可未经备案不得对抗善意第三人
3. 许可方式	普通许可、排他许可和独占许可

五、商标的无效宣告

—	情形	处理方式
（一）不应当获得注册商标的处理	已经注册的商标： 1. 属于《商标法》规定的不得使用、不得注册商标的 2. 是以欺骗手段或者其他不正当手段取得注册的	1. 由国家知识产权局宣告该注册商标无效 2. 任何单位、个人可以请求国家知识产权局宣告该注册商标无效
（二）侵犯他人权益或在先权利的商标	已经注册的商标，若侵犯他人合法权益或在先权利的	1. 申请主体：在先权利人或者利害关系人 2. 期限： （1）自商标注册之日起 5 年内，可以请求国家知识产权局宣告该注册商标无效 （2）例外：对恶意注册的，驰名商标所有人不受 5 年的时间限制
（三）无效宣告的后果	1. 无效宣告的决定具有溯及力 被宣告无效的注册商标，由国家知识产权局予以公告，该注册商标专用权视为自始不存在 2. 例外：宣告注册商标无效的决定或者裁定对 （1）宣告无效前人民法院作出并已执行的商标侵权案件的判决、裁定、调解书 （2）工商行政管理部门作出并已执行的商标侵权案件的处理决定 （3）已经履行的商标转让或者使用许可合同 不具有追溯力。但是，因商标注册人的恶意给他人造成的损失，应当给予赔偿	

六、商标撤销

（一）商标撤销的情形

1. 自行改变注册事项	（1）商标注册人自行改变注册商标、注册人名义、地址或者其他注册事项的，由地方工商行政管理部门责令限期改正 （2）期满不改正的， 由商标局撤销其注册商标
2. 丧失显著性或连续 3 年不使用的	（1）注册商标成为其核定使用的商品的通用名称，或者 （2）没有正当理由连续 3 年不使用的， 任何单位或者个人可以向商标局申请撤销该注册商标
3. 公告	被撤销的注册商标，由商标局予以公告，该注册商标专用权自公告之日起终止

（二）对被撤销、宣告无效、注销商标的管理

商标被撤销、被宣告无效或者期满不再续展的，自撤销、宣告无效或者注销之日起 1 年内，商标局对与该商标相同或者近似的商标注册申请，不予核准。

七、商标侵权行为

（一）侵犯注册商标专用权的行为★★★

1. 假冒	未经商标注册人的许可，在同一种商品上使用与其注册商标相同的商标的
2. 仿冒	（1）未经商标注册人的许可，在同一种商品上使用与其注册商标近似的商标，或者在类似商品上使用与其注册商标相同或者近似的商标，容易导致混淆的 （2）在同一种商品或者类似商品上将与他人注册商标相同或者近似的标志作为商品名称或者商品装潢使用，误导公众的 
3. 销售侵犯商标权的商品	（1）只要实施了销售侵犯注册商标专用权的商品的行为，都构成侵权 （2）善意侵权：销售不知道是侵犯注册商标专用权的商品，能证明该商品是自己合法取得并说明提供者的，不承担赔偿责任
4. 造假商标	伪造、擅自制造他人注册商标标识或者销售伪造、擅自制造的注册商标标识的
5. 反向假冒	未经商标注册人同意，更换其注册商标并将该更换商标的商品又投入市场的
6. 帮助实施侵权行为	故意为侵犯他人注册商标专用权行为提供便利条件，帮助他人实施侵犯商标专用权行为的（为侵犯他人商标专用权提供仓储、运输、邮寄、印制、隐匿、经营场所、网络商品交易平台等）
7. 给他人注册商标专用权造成其他损害	将与他人注册商标相同或者相近似的文字：（1）作为企业的字号；（2）在相同或者类似商品上；（3）突出使用，容易使相关公众产生误认的

【归纳总结】将他人注册商标作为企业字号使用。

1. 不正当竞争	将他人注册商标、未注册的驰名商标作为企业名称中的字号使用，误导公众
2. 其他侵犯注册商标专用权的行为	将与他人注册商标相同或者相近似的文字：(1) 作为企业的字号；(2) 在相同或者类似商品上；(3) 突出使用，容易使相关公众产生误认的

（二）不侵犯商标权的行为

1. 非识别商品来源的行为	(1) 描述性使用 虽然使用了商标，但是对商品或服务本身进行描述
	(2) 说明商品或服务的用途 虽然使用了商标，但是为了说明商品能够与使用该商标的商品配套或指示自己所提供商品的用途、服务对象等
2. 商标权用尽	(1) 经商标权人许可或以其他方式合法投放市场的商品，他人在购买之后 (2) 无须经过商标权人许可，即可将带有商标的商品再次售出或以其他方式提供给公众，包括在为此目的进行的广告宣传中使用商标
3. 通用元素的正当使用	(1) 注册商标中含有的本商品的通用名称、图形、型号，或者直接表示商品的质量、主要原料、功能、用途、重量、数量等其他特点，或者含有的地名，注册商标专用权人无权禁止他人正当使用 (2) 三维标志注册商标中含有的商品自身的性质产生的形状、为获得技术效果而需有的商品形状或者使商品具有实质性价值的形状，注册商标专用权人无权禁止他人正当使用
4. 先用权	(1) 商标注册人申请商标注册前，他人已经在同一种商品或者类似商品上先于商标注册人使用与注册商标相同或者近似并有一定影响的商标的 (2) 该使用人可以在原使用范围内继续使用该商标，注册商标专用权人无权禁止，但可以要求其附加适当区别标识

模拟题

韦某开设了“韦老四”煎饼店，在当地颇有名气。经营汽车配件的个体户肖某从外地路过，吃过后赞不绝口。当发现韦某尚未注册商标时，肖某就餐饮服务注册了“韦老四”商标。关于上述行为，下列哪些说法是正确的?[1]（多选）

A. 韦某在外地开设新店时，可以使用“韦老四”标识

B. 如肖某注册“韦老四”商标后立即起诉韦某侵权，韦某并不需要承担赔偿责任

C. 肖某的商标注册恶意侵犯韦某的在先权利，韦某可随时请求宣告该注册商标无效

D. 韦某可以向商标部门申请注册“韦老四”商标在厨具上使用，并能够获得注册

八、驰名商标的保护

（一）概念

1. 驰名商标，是为相关公众所熟知的商标。

〔1〕答案：BD。

2. 驰名商标既可以是注册商标，也可以是未注册商标。

（二）禁止商业宣传

1. 生产、经营者不得将“驰名商标”字样用于商品、商品包装或者容器上，或者用于广告宣传、展览以及其他商业活动中。

2. 保护

（1）未注册驰名商标（同类别保护）	复制、摹仿、翻译他人未注册的驰名商标，在相同或类似商品上使用，容易导致混淆的，不予注册并禁止使用
（2）已注册驰名商标的保护（跨类别保护）	复制、摹仿、翻译他人注册的驰名商标或其主要部分在不相同或者不相类似商品上作为商标使用，误导公众，致使该驰名商标注册人的利益可能受到损害的，不予注册并禁止使用

（三）赔偿数额的确定

权利人的损失——侵权方的获利——许可使用费——500 万元以下

九、知识产权纠纷的级别管辖

序号	纠纷类型	管辖
1	发明专利、实用新型专利、植物新品种、集成电路布图设计、技术秘密、计算机软件的权属、侵权纠纷以及垄断纠纷第一审民事案件	知识产权法院，省、自治区、直辖市人民政府所在地的中级人民法院和最高人民法院确定的中级人民法院
2	外观设计专利的权属、侵权纠纷以及涉驰名商标认定第一审民事案件	（1）知识产权法院和中级人民法院管辖 （2）经最高人民法院批准，也可以由基层人民法院管辖
3	第 1、2 项之外的第一审知识产权案件诉讼标的额在最高人民法院确定的数额以上的民事案件	中级人民法院管辖
4	—	法律对知识产权法院的管辖有规定的，依照其规定
5	前述以外的一审知识产权纠纷（如侵犯著作权纠纷、侵犯商标权纠纷）民事案件	最高人民法院确定的基层人民法院管辖

经济法

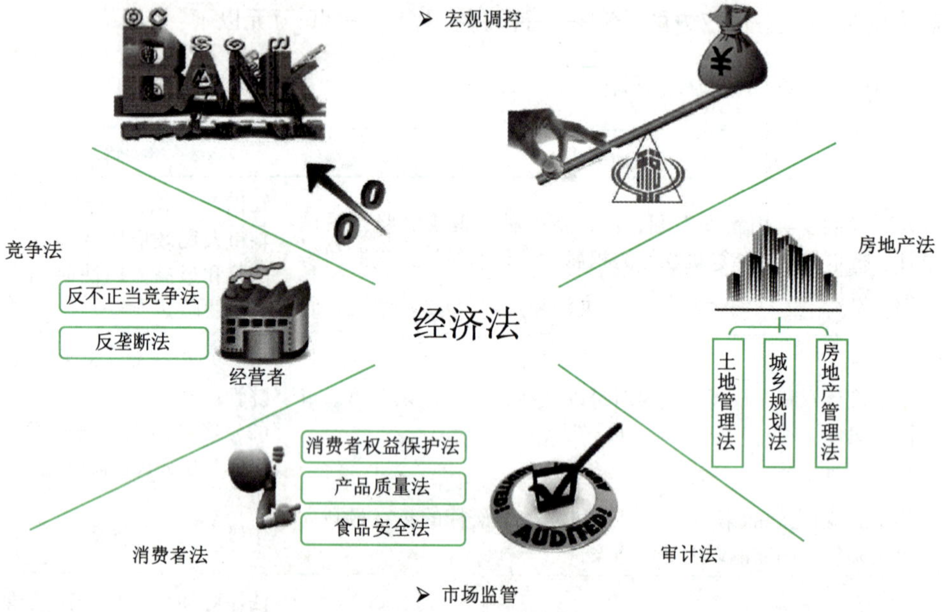

宏观调控
BANK
房地产法
竞争法
反不正当竞争法
反垄断法
经营者
经济法
土地管理法
城乡规划法
房地产管理法
消费者权益保护法
产品质量法
食品安全法
AUDITED!
消费者法
审计法
市场监管

第一章 反垄断法

一、概述

（一）垄断行为的分类

垄断行为分为经营性垄断和行政性垄断。

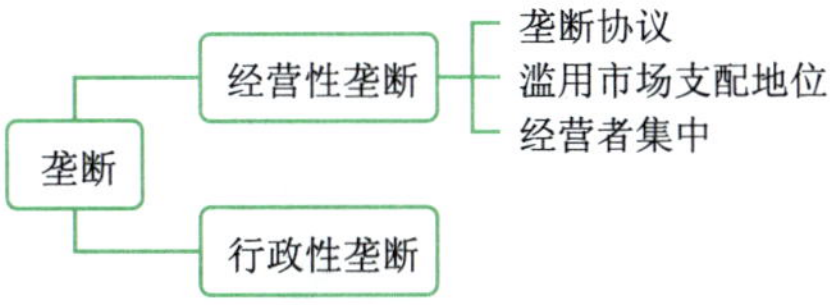

（二）反垄断机构

1. 由国家市场监督管理总局统一行使反垄断职权。

2. 反垄断执法机构负责反垄断执法工作。可以授权省级政府相应机构负责反垄断执法工作。

（三）建立健全公平竞争审查制度【新增】

行政机关和法律、法规授权的具有管理公共事务职能的组织在制定涉及市场主体经济活动的规定时，应当进行公平竞争审查。

二、垄断协议——排除、限制竞争的协议、决定或者其他协同行为

（一）类型

1. 横向垄断协议

（1）实施主体	具有竞争关系的经营者
（2）内容	禁止具有竞争关系的经营者达成下列垄断协议： ①固定或者变更商品价格 ②限制商品的生产数量或者销售数量 ③分割销售市场或者原材料采购市场 ④限制购买新技术、新设备或者限制开发新技术、新产品 ⑤联合抵制交易 ⑥国务院反垄断执法机构认定的其他垄断协议

2. 纵向垄断协议

<table>
<tr><td>（1）实施主体</td><td colspan="2">经营者与交易相对人</td></tr>
<tr><td rowspan="4">（2）内容</td><td colspan="2">禁止经营者与交易相对人达成下列垄断协议：</td></tr>
<tr><td>①固定向第三人转售商品的价格</td><td rowspan="2">经营者能够证明其不具有排除、限制竞争效果的，不予禁止【新增】</td></tr>
<tr><td>②限定向第三人转售商品的最低价格</td></tr>
<tr><td colspan="2">③国务院反垄断执法机构认定的其他垄断协议</td></tr>
<tr><td>（3）安全港制度【新增】</td><td colspan="2">经营者能够证明：
①其在相关市场的市场份额低于国务院反垄断执法机构规定的标准
②并符合国务院反垄断执法机构规定的其他条件的，不予禁止</td></tr>
</table>

3. 轴辐协议【新增】

（1）组织型垄断协议：经营者不得组织其他经营者达成垄断协议。

（2）帮助型垄断协议：经营者不得为其他经营者达成垄断协议提供实质性帮助。

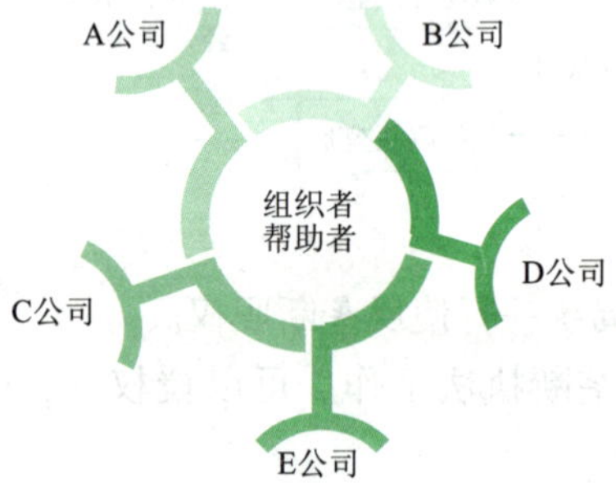

（二）行业协会不得组织本行业的经营者从事本章（垄断协议）禁止的垄断行为

（三）垄断协议的豁免

经营者能够证明所达成的协议属于下列情形之一的，不属于垄断协议

1. 技术	为改进技术、研究开发新产品的
2. 标准化	为提高产品质量、降低成本、增进效率，统一产品规格、标准或者实行专业化分工的
3. 中小企业合作	为提高中小经营者经营效率，增强中小经营者竞争力的
4. 公共利益	为实现节约能源、保护环境、救灾救助等社会公共利益的
5. 不景气	因经济不景气，为缓解销售量严重下降或者生产明显过剩的
6. 出口	为保障对外贸易和对外经济合作中的正当利益的
上述1～5情形，经营者还应当证明所达成的协议不会严重限制相关市场的竞争，并且能够使消费者分享由此产生的利益	

（四）责任

1. 对经营者的处罚	（1）尚未实施所达成的垄断协议	可以处300万元以下的罚款
	（2）达成并实施垄断协议的	①责令停止违法行为，没收违法所得 ②并处上一年度销售额1%以上10%以下的罚款，上一年度没有销售额的，处500万元以下的罚款
2. 对经营者负责人的处罚【新增】	经营者的法定代表人、主要负责人和直接责任人员对达成垄断协议负有个人责任的，可以处100万元以下的罚款	
3. 对行业协会的处罚	行业协会组织本行业的经营者达成垄断协议的： （1）由反垄断执法机构责令改正 （2）可以处300万元以下的罚款 （3）情节严重的，社会团体登记管理机关可以依法撤销登记	
4. 加倍处罚【新增】	情节特别严重、影响特别恶劣、造成特别严重后果的，在罚款数额的2倍以上5倍以下确定具体罚款数额	
5. 宽大制度	经营者主动向反垄断执法机构报告达成垄断协议的有关情况并提供重要证据的，反垄断执法机构可以酌情减轻或者免除对该经营者的处罚	

三、滥用市场支配地位★★★

市场支配地位，是指经营者在相关市场内具有能够控制商品价格、数量或者其他交易条件，或者能够阻碍、影响其他经营者进入相关市场能力的地位。

（一）市场支配地位

1. 认定经营者的市场支配地位时，以市场份额为主、兼顾反映企业综合经济实力的其他因素。

2. 市场支配地位的**推定规则**

（1）有下列情形之一的，可以推定经营者具有市场支配地位：	
①	一个经营者在相关市场的市场份额达到1/2的
②	两个经营者在相关市场的市场份额合计达到2/3的
③	三个经营者在相关市场的市场份额合计达到3/4的
例外：有上述第②项、第③项规定的情形，其中有的经营者市场份额不足1/10的，不应当推定该经营者具有市场支配地位	
（2）被推定具有市场支配地位的经营者，有证据证明不具有市场支配地位的，不应当认定其具有市场支配地位	
【判断】在某相关市场，甲占1/2；乙占1/6；丙占1/12，甲、乙、丙是否具有市场支配地位[1]	

（二）滥用市场支配地位的行为

禁止具有市场支配地位的经营者从事下列滥用市场支配地位的行为：

〔1〕甲、乙具有市场支配地位；丙不具有市场支配地位。

续表

1. 垄断价格	以不公平的高价销售商品或者以不公平的低价购买商品
2. 低价倾销	没有正当理由，以低于成本的价格销售商品
3. 拒绝交易	没有正当理由，拒绝与交易相对人进行交易
4. 强制交易	没有正当理由，限定交易相对人只能与其进行交易或者只能与其指定的经营者进行交易
5. 搭售行为	没有正当理由搭售商品，或者在交易时附加其他不合理的交易条件
6. 差别待遇	没有正当理由，对条件相同的交易相对人在交易价格等交易条件上实行差别待遇
7. 其他	国务院反垄断执法机构认定的其他滥用市场支配地位的行为
数字经济中的垄断行为【新增】	具有市场支配地位的经营者不得利用数据和算法、技术以及平台规则等从事前述规定的滥用市场支配地位的行为

（三）责任

1	责令停止违法行为
2	没收违法所得
3	并处上一年度销售额1%以上10%以下的罚款
4	加倍处罚【新增】 情节特别严重、影响特别恶劣、造成特别严重后果的，在罚款数额的2倍以上5倍以下确定具体罚款数额

四、经营者集中

（一）经营者集中的情形

1	经营者合并
2	经营者通过取得股权或者资产的方式取得对其他经营者的控制权
3	经营者通过合同等方式取得对其他经营者的控制权或者能够对其他经营者施加决定性影响

（二）申报制度

1. 达到申报标准	经营者应当事先向国务院反垄断执法机构申报，未申报的不得实施集中 【申报标准】 （1）参与集中的所有经营者上一会计年度在全球范围内的营业额合计超过100亿元人民币，并且其中至少两个经营者上一会计年度在中国境内的营业额均超过4亿元人民币 （2）参与集中的所有经营者上一会计年度在中国境内的营业额合计超过20亿元人民币，并且其中至少两个经营者上一会计年度在中国境内的营业额均超过4亿元人民币

续表

2. 未达到申报标准【新增】	有证据证明该经营者集中具有或者可能具有排除、限制竞争效果的，国务院反垄断执法机构可以要求经营者申报
3. 未申报的后果【新增】	经营者未按规定进行申报的，国务院反垄断执法机构应当依法进行调查

（三）经营者集中的审查

1. 初步审查 30 日	（1）国务院反垄断执法机构应当自收到经营者提交的文件、资料之日起 30 日内，对申报的经营者集中进行初步审查，作出是否实施进一步审查的决定，并书面通知经营者。国务院反垄断执法机构作出决定前，经营者不得实施集中 （2）国务院反垄断执法机构作出不实施进一步审查的决定或者逾期未作出决定的，经营者可以实施集中
2. 进一步审查 90 日 +60 日	（1）决定实施进一步审查的，应当自决定之日起 90 日内审查完毕，作出是否禁止经营者集中的决定。审查期间，经营者不得实施集中 （2）审查期限的延长 有下列情形之一的，经书面通知经营者，可以延长前述规定的审查期限，但最长不得超过 60 日： ①经营者同意延长审查期限的 ②经营者提交的文件、资料不准确，需要进一步核实的 ③经营者申报后有关情况发生重大变化的 国务院反垄断执法机构逾期未作出决定的，经营者可以实施集中
3. 停表制度【新增】	有下列情形之一的，可以中止计算经营者集中的审查期限，并书面通知经营者 （1）经营者未按照规定提交文件、资料，导致审查工作无法进行 （2）出现对经营者集中审查具有重大影响的新情况、新事实，不经核实将导致审查工作无法进行 （3）需要对经营者集中附加的限制性条件进一步评估，且经营者提出中止请求 自中止计算审查期限的情形消除之日起，审查期限继续计算，国务院反垄断执法机构应当书面通知经营者
4. 分级审查制度【新增】	健全经营者集中分类分级审查制度，依法加强对涉及国计民生等重要领域的经营者集中的审查，提高审查质量和效率
5. 审查决定	（1）经营者集中具有或者可能具有排除、限制竞争效果的：作出禁止经营者集中的决定 （2）经营者能够证明该集中对竞争产生的有利影响明显大于不利影响，或者符合社会公共利益的：可以作出对经营者集中不予禁止的决定 （3）对不予禁止的经营者集中：可以决定附加减少集中对竞争产生不利影响的限制性条件 （4）禁止经营者集中的决定或者对经营者集中附加限制性条件的决定，及时向社会公布

（四）责任

经营者违反规定实施集中

1. 具有或者可能具有排除、限制竞争效果的	（1）由国务院反垄断执法机构责令停止实施集中、限期处分股份或者资产、限期转让营业以及采取其他必要措施恢复到集中前的状态 （2）处上一年度销售额10%以下的罚款
2. 不具有排除、限制竞争效果的	处500万元以下的罚款
3. 加倍处罚【新增】	情节特别严重、影响特别恶劣、造成特别严重后果的，在罚款数额的2倍以上5倍以下确定具体罚款数额

五、滥用行政权力排除、限制竞争的行为——行政垄断

（一）行为主体：行政机关和法律、法规授权的具有管理公共事务职能的组织。

（二）禁止行为

1. 强制交易	滥用行政权力，限定或者变相限定单位或者个人经营、购买、使用其指定的经营者提供的商品
2. 经营者不平等待遇	滥用行政权力，通过与经营者签订合作协议、备忘录等方式，妨碍其他经营者进入相关市场或者对其他经营者实行不平等待遇，排除、限制竞争
3. 限制商品自由流通	滥用行政权力，实施下列行为，妨碍商品在地区之间的自由流通 （1）对外地商品设定歧视性收费项目、实行歧视性收费标准，或者规定歧视性价格 （2）对外地商品规定与本地同类商品不同的技术要求、检验标准，或者对外地商品采取重复检验、重复认证等歧视性技术措施，限制外地商品进入本地市场 （3）采取专门针对外地商品的行政许可，限制外地商品进入本地市场 （4）设置关卡或者采取其他手段，阻碍外地商品进入或者本地商品运出 （5）妨碍商品在地区之间自由流通的其他行为
4. 限制经营者招投标行为	滥用行政权力，以设定歧视性资质要求、评审标准或者不依法发布信息等方式，排斥或者限制经营者参加本地的招标投标活动
5. 限制外地投资	滥用行政权力，采取与本地经营者不平等待遇等方式，排斥、限制、强制或者变相强制外地经营者在本地投资或者设立分支机构
6. 强制垄断	滥用行政权力，强制或者变相强制经营者从事垄断行为
7. 制定规定	滥用行政权力，制定含有排除、限制竞争内容的规定

（三）责任

1	由上级机关责令改正；对直接负责的主管人员和其他直接责任人员依法给予处分
2	反垄断执法机构可以向有关上级机关提出依法处理的建议
3	行政机关和法律、法规授权的具有管理公共事务职能的组织应当将有关改正情况书面报告上级机关和反垄断执法机构
4	约谈制度【新增】 经营者、行政机关和法律、法规授权的具有管理公共事务职能的组织，涉嫌违反《反垄断法》规定的，反垄断执法机构可以对其法定代表人或者负责人进行约谈，要求其提出改进措施

六、法律责任

（一）反垄断民事纠纷

1. 经营者实施垄断行为，给他人造成损失的，依法承担民事责任。

2. 反垄断公益诉讼【新增】

经营者实施垄断行为，损害社会公共利益的，设区的市级以上人民检察院可以依法向人民法院提起民事公益诉讼。

（二）经营者因违反《反垄断法》受到行政处罚的，按照国家有关规定记入信用记录，并向社会公示。

（三）刑事责任【新增】

违反《反垄断法》，构成犯罪的，依法追究刑事责任。

第二章 反不正当竞争法

一、混淆行为——本质上是模仿好的商品

经营者不得实施下列混淆行为，引人误认为是他人商品或者与他人存在特定联系

1	擅自使用与他人有一定影响的商品名称、包装、装潢等相同或者近似的标识
2	擅自使用他人有一定影响的企业名称（包括简称、字号等）、社会组织名称（包括简称等）、姓名（包括笔名、艺名、译名等）
3	擅自使用他人有一定影响的域名主体部分、网站名称、网页等
4	其他足以引人误认为是他人商品或者与他人存在特定联系的混淆行为 与他人存在特定联系：包括误认为与他人具有商业联合、许可使用、商业冠名、广告代言等特定联系 **【归纳总结】** （1）混淆行为：将他人注册商标、未注册的驰名商标作为企业名称中的字号使用，误导公众 （2）其他侵犯注册商标专用权的行为。将与他人注册商标相同或者相近似的文字：①作为企业的字号；②在相同或者类似商品上；③突出使用，容易使相关公众产生误认的
5	经营者销售带有上述的标识的商品，引人误认为是他人商品或者与他人存在特定联系 销售不知道是侵权商品，能证明该商品是自己合法取得并说明提供者，经营者不承担赔偿责任

二、虚假宣传行为

1. 表现形式	经营者不得对其商品的性能、功能、质量、销售状况、用户评价、曾获荣誉等作虚假或者引人误解的商业宣传，欺骗、误导消费者 （1）对商品作片面的宣传或者对比 （2）将科学上未定论的观点、现象等当作定论的事实用于商品宣传 （3）使用歧义性语言进行商业宣传 （4）其他足以引人误解的商业宣传行为
2. 帮助行为	经营者不得通过组织虚假交易等方式，帮助其他经营者进行虚假或者引人误解的商业宣传
3. 赔偿损失的举证责任	当事人主张经营者构成虚假宣传并请求赔偿损失的，应当举证证明其因虚假或者引人误解的商业宣传行为受到损失

三、商业贿赂行为

1. 表现形式	经营者不得采用财物或者其他手段贿赂下列单位或者个人，以谋取交易机会或者竞争优势 （1）交易相对方的工作人员 （2）受交易相对方委托办理相关事务的单位或者个人 （3）利用职权或者影响力影响交易的单位或者个人
2. 不构成商业贿赂的情形	（1）经营者在交易活动中，可以以明示方式向交易相对方支付折扣，或者向中间人支付佣金 （2）经营者向交易相对方支付折扣、向中间人支付佣金的，应当如实入账。接受折扣、佣金的经营者也应当如实入账
3. 工作人员的行为	（1）经营者的工作人员进行贿赂的，应当认定为经营者的行为 （2）但是，经营者有证据证明该工作人员的行为与为经营者谋取交易机会或者竞争优势无关的除外

四、侵犯商业秘密

（一）商业秘密，是指不为公众所知悉、具有商业价值并经权利人采取相应保密措施的技术信息和经营信息

1. 商业秘密的范围	（1）与技术有关的结构、原料、组分、配方、材料、样品、样式、植物新品种繁殖材料、工艺、方法或其步骤、算法、数据、计算机程序及其有关文档等信息，人民法院可以认定构成商业秘密中的技术信息 （2）与经营活动有关的创意、管理、销售、财务、计划、样本、招投标材料、客户信息（包括客户的名称、地址、联系方式以及交易习惯、意向、内容等）数据等信息，人民法院可以认定构成商业秘密中的经营信息
2. 长期稳定交易关系不视为商业秘密	（1）当事人仅以与特定客户保持长期稳定交易关系为由，主张该特定客户属于商业秘密的，人民法院不予支持 （2）客户基于对员工个人的信赖而与该员工所在单位进行交易，该员工离职后，能够证明客户自愿选择与该员工或者该员工所在的新单位进行交易的，人民法院应当认定该员工没有采用不正当手段获取权利人的商业秘密

（二）侵犯商业秘密的行为

1. 一般情形	经营者不得实施下列侵犯商业秘密的行为： （1）以盗窃、贿赂、欺诈、胁迫或者其他不正当手段获取权利人的商业秘密 （2）披露、使用或者允许他人使用以第（1）项手段获取的权利人的商业秘密 （3）违反约定或者违反权利人有关保守商业秘密的要求，披露、使用或者允许他人使用其所掌握的商业秘密
	第三人明知或者应知商业秘密权利人的员工、前员工或者其他单位、个人实施上述违法行为，仍获取、披露、使用或者允许他人使用该商业秘密的，视为侵犯商业秘密

续表

2. 自行研制和反向工程	(1) 通过自行开发研制或者反向工程（通过技术手段对从公开渠道取得的产品进行拆卸、测绘、分析等而获得该产品的有关技术信息）获得被诉侵权信息的，不认定为侵犯商业秘密 (2) 被诉侵权人以不正当手段获取权利人的商业秘密后，又以反向工程为由主张未侵犯商业秘密的，人民法院不予支持

五、诋毁他人商业信誉的行为

经营者不得编造、传播虚假信息或者误导性信息，损害竞争对手的商业信誉、商品声誉	
1. 主体	有竞争关系的经营者——媒体或者具体销售人员若受人指使有上述行为，仅构成侵犯他人名誉权的行为，不构成诋毁商誉的不正当竞争行为
2. 行为	实施了诋毁商誉的行为——揭露事实的不算
3. 主观	故意
4. 对象	针对特定的竞争对手：可以是一个，或多个，也可以是整个行业
5. 维权主体【新增】	诋毁商誉行为的特定损害对象

六、不正当有奖销售行为

经营者进行有奖销售不得存在下列情形：

1. 所设奖的种类、兑奖条件、奖金金额或者奖品等有奖销售信息不明确，影响兑奖；
2. 采用谎称有奖或者故意让内定人员中奖的欺骗方式进行有奖销售；
3. 抽奖式的有奖销售，最高奖的金额超过 5 万元。

七、网络领域不正当竞争

经营者不得利用技术手段，通过影响用户选择或者其他方式，实施下列妨碍、破坏其他经营者合法提供的网络产品或者服务正常运行的行为：	
1	(1) 未经其他经营者同意，在其合法提供的网络产品或者服务中，插入链接、强制进行目标跳转 (2) 仅插入链接，目标跳转由用户触发的，人民法院应当综合考虑插入链接的具体方式是否具有合理理由以及对用户利益和其他经营者利益的影响等因素，认定该行为是否违反《反不正当竞争法》
2	误导、欺骗、强迫用户修改、关闭、卸载其他经营者合法提供的网络产品或者服务
3	恶意对其他经营者合法提供的网络产品或者服务实施不兼容
4	其他妨碍、破坏其他经营者合法提供的网络产品或者服务正常运行的行为

第三章 消费者权益保护法

一、经营者的义务

（一）保证商品质量

1. 基本规定	(1) 经营者应当保证在正常使用商品或者接受服务的情况下其提供的商品或者服务应当具有的质量、性能、用途和有效期限 (2) 经营者以广告、产品说明、实物样品或者其他方式表明商品或者服务的质量状况的，应当保证其提供的商品或者服务的实际质量与表明的质量状况相符
2. 例外	消费者在购买该商品或者接受该服务前已经知道其存在瑕疵，且存在该瑕疵不违反法律强制性规定的除外
3. 经营者举证情形	经营者提供的机动车、计算机、电视机、电冰箱、空调器、洗衣机等耐用商品或者装饰装修等服务，消费者自接受商品或者服务之日起 6 个月内发现瑕疵，发生争议的，由经营者承担有关瑕疵的举证责任

（二）网络购物的七天无理由退货

1. 基本规定	经营者采用网络、电视、电话、邮购等方式销售商品，消费者有权自收到商品之日起 7 日内退货，且无须说明理由
2. 例外	下列商品不适用“七天无理由退货”： (1) 消费者定作的 (2) 鲜活易腐的 (3) 在线下载或者消费者拆封的音像制品、计算机软件等数字化商品 (4) 交付的报纸、期刊 除上述所列商品外，其他根据商品性质并经消费者在购买时确认不宜退货的商品，不适用无理由退货
3. 其他规定	(1) 消费者退货的商品应当完好 (2) 退款 经营者应当自收到退回商品之日起 7 日内返还消费者支付的商品价款 (3) 运费承担 退回商品的运费由消费者承担；经营者和消费者另有约定的，按照约定

（三）保护消费者信息★

1	经营者收集、使用消费者个人信息，应当经消费者同意
2	（1）经营者及其工作人员对收集的消费者个人信息必须严格保密，不得泄露、出售或者非法向他人提供 （2）在发生或者可能发生信息泄露、丢失的情况时，应当立即采取补救措施
3	经营者未经消费者同意或者请求，或者消费者明确表示拒绝的，不得向其发送商业性信息

二、消费领域的公益诉讼

对侵害众多消费者合法权益的行为，中国消费者协会以及在省、自治区、直辖市设立的消费者协会，可以向人民法院提起诉讼。

三、法律责任★

（一）网络交易平台的责任

1. 交易相对人赔付	消费者通过网络交易平台购买商品或者接受服务，其合法权益受到损害的，可以向销售者或者服务者要求赔偿
2. 平台责任	（1）网络交易平台提供者不能提供销售者或者服务者的真实名称、地址和有效联系方式的，消费者也可以向网络交易平台提供者要求赔偿 （2）网络交易平台提供者作出更有利于消费者的承诺的，应当履行承诺。网络交易平台提供者赔偿后，有权向销售者或者服务者追偿
3. 平台的连带责任	网络交易平台提供者明知或者应知销售者或者服务者利用其平台侵害消费者合法权益，未采取必要措施的，依法与该销售者或者服务者承担连带责任

（二）虚假广告中的相关责任

1. 经营者赔付	消费者因经营者利用虚假广告或者其他虚假宣传方式提供商品或者服务，其合法权益受到损害的，可以向经营者要求赔偿
2. 广告经营者、发布者的责任	广告经营者、发布者不能提供经营者的真实名称、地址和有效联系方式的，应当承担赔偿责任
3. 关系消费者生命健康的商品或服务	（1）广告经营者、发布者设计、制作、发布关系消费者生命健康的商品或者服务的虚假广告，造成消费者损害的，应当与提供该商品或者服务的经营者承担连带责任 （2）社会团体或者其他组织、个人在关系消费者生命健康的商品或者服务的虚假广告或者其他虚假宣传中向消费者推荐商品或者服务，造成消费者损害的，应当与提供该商品或者服务的经营者承担连带责任

（三）惩罚性赔偿★★★

1. 欺诈，退一赔三，500 保底	（1）前提：经营者提供商品或者服务有欺诈行为 （2）赔偿 ①应当按照消费者的要求增加赔偿其受到的损失，增加赔偿的金额为消费者购买商品的价款或者接受服务的费用的 3 倍 ②增加赔偿的金额不足 500 元的，为 500 元
2. 明知缺陷，造成严重后果	（1）前提 经营者明知商品或者服务存在缺陷，仍然向消费者提供，造成消费者或者其他受害人死亡或者健康严重损害 （2）赔偿 受害人有权要求经营者赔偿损失，并有权要求所受损失 2 倍以下的惩罚性赔偿

第四章 产品质量法

一、瑕疵责任——违约责任

产品瑕疵责任，是指销售者交付的标的物不符合法定或者约定的品质标准，应当承担的违约责任。

（一）销售者承担责任

售出的产品有下列情形之一的，销售者应当负责修理、更换、退货；给购买产品的消费者造成损失的，销售者应当赔偿损失：

1. 不具备产品应当具备的使用性能而事先未作说明的；
2. 不符合在产品或者其包装上注明采用的产品标准的；
3. 不符合以产品说明、实物样品等方式表明的质量状况的。

（二）销售者有权向上游追偿

销售者承担修理、更换、退货、赔偿损失后，属于生产者的责任或者属于向销售者提供产品的其他销售者的责任的，销售者有权向生产者、供货者追偿。

生产者与销售者之间订立的买卖合同、承揽合同有不同约定的，合同当事人按照合同约定执行。

二、产品责任——侵权责任

产品责任，是指因产品存在缺陷造成人身、缺陷产品以外的其他财产损害的，生产者应当承担赔偿责任。

缺陷，是指产品存在危及人身、其他财产安全的不合理的危险；产品有保障人体健康和人身、财产安全的国家标准、行业标准的，是指不符合该标准。

产品缺陷责任以产品存在缺陷为前提。

（一）生产者的责任

1. 因产品存在缺陷造成他人损害的，生产者应当承担侵权责任——无过错责任。
2. 免责事由

生产者能够证明有下列情形之一的，不承担赔偿责任：

（1）未将产品投入流通的；

（2）产品投入流通时，引起损害的缺陷尚不存在的；

（3）将产品投入流通时的科学技术水平尚不能发现缺陷的存在的。

（二）生产者和销售者的不真正连带责任

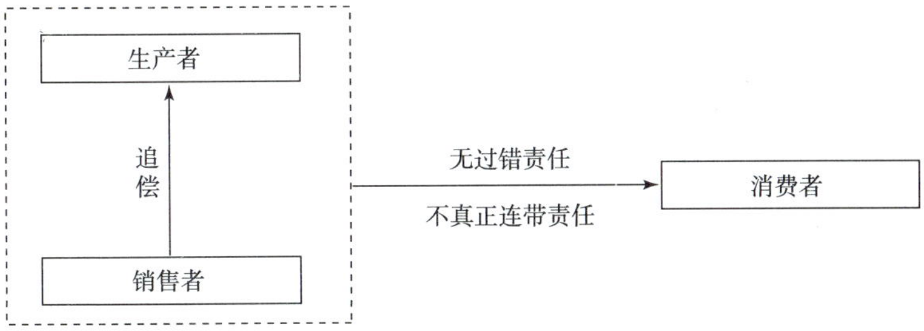

1. 生产者、销售者面对受害人

因产品存在缺陷造成人身、他人财产损害的，受害人可以向产品的生产者要求赔偿，也可以向产品的销售者要求赔偿。

2. 生产者和销售者之间追偿

（1）产品缺陷由生产者造成的，销售者赔偿后，有权向生产者追偿。

（2）因销售者的过错使产品存在缺陷的，生产者赔偿后，有权向销售者追偿。

（三）第三人过错使产品存在缺陷

因运输者、仓储者等第三人的过错使产品存在缺陷，造成他人损害的，产品的生产者、销售者赔偿后，有权向第三人追偿。

（四）召回

1. 产品投入流通后发现存在缺陷的，生产者、销售者应当及时采取停止销售、警示、召回等补救措施。

2. 未及时采取停止销售、警示、召回等补救措施或补救措施不力造成损害扩大的，对扩大的损害也应当承担侵权责任。

3. 被侵权人因召回措施支出的必要费用，由生产者、销售者承担。

（五）惩罚性赔偿

明知产品存在缺陷，仍然生产、销售，或者没有采取有效补救措施，造成他人死亡或者健康严重损害的，被侵权人有权请求相应的惩罚性赔偿。

（六）时效

1. 诉讼时效

因产品存在缺陷造成损害要求赔偿的诉讼时效期间为 3 年，自当事人知道或者应当知道其权益受到损害时起计算。

2. 交付最初消费者满 10 年丧失求偿权

（1）因产品存在缺陷造成损害要求赔偿的请求权，在造成损害的缺陷产品交付最初消费者满 10 年时丧失。

（2）但是，尚未超过明示的安全使用期的除外。

第五章 食品安全法

一、食品安全标准

（一）强制性	1. 食品安全标准是强制执行的标准 2. 除食品安全标准外，不得制定其他食品强制性标准	
（二）分类	1. 国家标准	食品安全国家标准由国务院卫生行政部门会同国务院食品安全监督管理部门制定、公布，国务院标准化行政部门提供国家标准编号
	2. 地方标准	（1）对地方特色食品 （2）没有食品安全国家标准的，省、自治区、直辖市人民政府卫生行政部门可以制定并公布食品安全地方标准，报国务院卫生行政部门备案 （3）食品安全国家标准制定后，该地方标准即行废止
	3. 企业标准	国家鼓励食品生产企业制定严于食品安全国家标准或者地方标准的企业标准，在本企业适用，并报省级政府卫生行政部门备案

二、食品生产经营许可制度

（一）基本规定	国家对食品生产经营实行许可制度。从事食品生产、食品销售、餐饮服务，应当依法取得许可
（二）例外	销售食用农产品和仅销售预包装食品的，不需要取得许可

三、召回制度

—	触发情形	处理措施
（一）生产者召回	1. 食品生产者发现其生产的食品不符合食品安全标准或者有证据证明可能危害人体健康 2. 食品经营者发现上述情形，通知生产者，生产者认为应当召回的	1. 立即停止生产 2. 召回已经上市销售的食品 3. 通知相关生产经营者和消费者，并记录召回和通知情况

续表

—	触发情形	处理措施
（二）经营者召回	由于食品经营者的原因造成其经营的食品不符合食品安全标准或有证据证明可能危害人体健康	由食品经营者召回
（三）强制召回	食品生产者、经营者未依法召回或者停止经营	县级以上人民政府食品安全监督管理部门可以责令生产者、经营者召回或者停止经营
（四）对召回食品的处理	1. 应当对召回的食品采取无害化处理、销毁等措施，防止其再次流入市场 2. 对因标签、标志或者说明书不符合食品安全标准而被召回的食品，食品生产者在采取补救措施且能保证食品安全的情况下可以继续销售；销售时应当向消费者明示补救措施	

四、网络食品交易平台的义务

（一）审查义务	1. 应当对入网食品经营者进行实名登记，明确其食品安全管理责任 2. 依法应当取得许可证的，还应当审查其许可证
（二）监督义务	1. 发现入网食品经营者有违反食品安全法规定行为的，应当及时制止并立即报告所在地县级政府食品安全监督管理部门 2. 发现严重违法行为的，应当立即停止提供网络交易平台服务

五、惩罚性赔偿规定★★★

（一）适用情形	1. 生产不符合安全标准的食品 2. 销售明知是不符合安全标准的食品
（二）赔偿标准	1. 消费者除要求赔偿损失外 2. 还可以向生产者、销售者主张支付价款 10 倍或损失 3 倍的赔偿金 增加赔偿的金额不足 1000 元的，为 1000 元
（三）例外	食品的标签、说明书存在不影响食品安全且不会对消费者造成误导的瑕疵的除外

【归纳总结】

—	消费者权益保护法中的“退一赔三”	食品安全法中的“10 倍赔偿”
1. 适用领域	生活消费品，不限于食品	食品领域
2. 前提	欺诈	生产不符合食品安全标准的食品或者经营明知是不符合食品安全标准的食品
3. 增加赔付标准	价款 3 倍，500 元保底	价款 10 倍或损失 3 倍，1000 元保底

六、两个无效抗辩事由仅在食品、药品领域适用

（一）明知抗辩无效	因食品、药品质量问题发生纠纷，购买者向生产者、销售者主张权利，生产者、销售者不得以购买者明知食品、药品存在质量问题而仍然购买为由进行抗辩
（二）“赠品”抗辩无效	食品或者药品的赠品发生质量安全问题，造成消费者损害的，生产者、销售者不得以消费者未对赠品支付对价为由进行免责抗辩

七、食品安全事故的处置

（一）应急预案

1. 预案内容	食品安全事故应急预案应当对食品安全事故分级、事故处置组织指挥体系与职责、预防预警机制、处置程序、应急保障措施等作出规定
2. 制定主体	（1）国务院组织制定国家食品安全事故应急预案 （2）县级以上地方人民政府应当根据有关法律、法规的规定和上级人民政府的食品安全事故应急预案以及本行政区域的实际情况，制定本行政区域的食品安全事故应急预案，并报上一级人民政府备案
3. 安全事故处置方案	食品生产经营企业应当制定食品安全事故处置方案，定期检查本企业各项食品安全防范措施的落实情况，及时消除事故隐患

（二）通报制度

1. 事故单位	发生食品安全事故的单位应当立即采取措施，防止事故扩大
2. 事故单位和治疗单位的报告	事故单位和接收病人进行治疗的单位应当及时向事故发生地县级人民政府食品安全监督管理、卫生行政部门报告
3. 行政机关的报告	（1）发生食品安全事故，接到报告的县级人民政府食品安全监督管理部门应当按照应急预案的规定向本级人民政府和上级人民政府食品安全监督管理部门报告 （2）县级人民政府和上级人民政府食品安全监督管理部门应当按照应急预案的规定上报
4. 事故处置指挥机构	发生食品安全事故需要启动应急预案的，县级以上人民政府应当立即成立事故处置指挥机构，启动应急预案

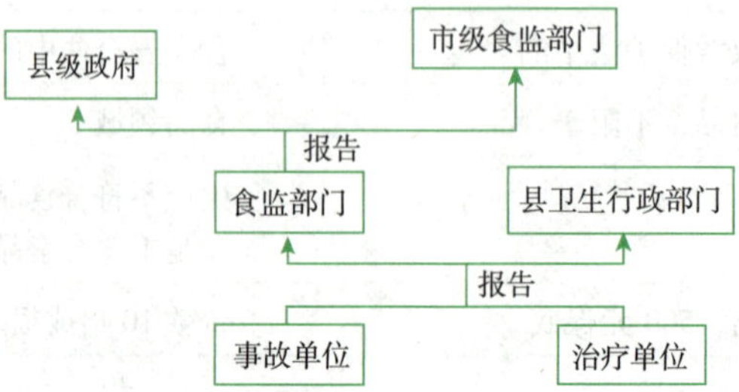

（三）流行病学调查

1. 调查主体	发生食品安全事故，县级以上疾病预防控制机构应当对事故现场进行卫生处理，并对与事故有关的因素开展流行病学调查，有关部门应当予以协助
2. 报告提交	县级以上疾病预防控制机构应当向同级食品安全监督管理、卫生行政部门提交流行病学调查报告

第六章 财税法

一、企业所得税

—	纳税主体：企业 （例外：个人独资企业、合伙企业）	征税对象
（一）主体和征税对象	1. 居民企业 （1）依法在中国境内成立的企业 （2）非依中国法律成立，实际管理机构在中国境内的企业	来源于中国境内、境外的所得
	2. 非居民企业：在国外设立的，且实际管理机构不在中国境内的企业，包括： （1）在中国境内设立机构、场所的 （2）在中国境内未设立机构、场所，但有来源于中国境内所得的企业	1. 在中国境内设立机构、场所的：来源于中国境内的所得，以及发生在中国境外但与其所设机构、场所有实际联系的所得 2. 在中国境内未设立机构、场所：来源于中国境内的所得
企业所得税 = 应纳税所得额 × 税率 =（收入 − 不征税收入 − 成本 − 税收优惠）× 税率		
（二）不征税收入	不征税收入包括： 1. 财政拨款 2. 依法收取并纳入财政管理的行政事业性收费、政府性基金 3. 国务院规定的其他不征税收入	
（三）税率	1. 企业所得税的税率为 25% 2. 非居民企业在中国境内未设立机构、场所的，或者虽设立机构、场所但取得的所得与其所设机构、场所没有实际联系的，其来源于中国境内的所得缴纳企业所得税，适用税率为 20% 3. 符合条件的小型微利企业，减按 20% 的税率征收企业所得税 4. 国家需要重点扶持的高新技术企业，减按 15% 的税率征收企业所得税	
（四）免税收入 ★★★	1. 国债利息收入 2. 符合条件的居民企业之间的股息、红利等权益性投资收益 3. 在中国境内设立机构、场所的非居民企业从居民企业取得与该机构、场所有实际联系的股息、红利等权益性投资收益 4. 符合条件的非营利组织的收入	

续表

—	纳税主体：企业 （例外：个人独资企业、合伙企业）	征税对象
（五）可以减征、免征的（国家产业政策相关）	纳税人依照法律、行政法规的规定办理减税、免税 地方各级人民政府、各级人民政府主管部门、单位和个人违反法律、行政法规规定，擅自作出的减税、免税决定无效，税务机关不得执行，并向上级税务机关报告 1. 从事农、林、牧、渔业项目的所得 2. 从事国家重点扶持的公共基础设施项目投资经营的所得 3. 从事符合条件的环境保护、节能节水项目的所得 4. 符合条件的技术转让所得 5. 非居民企业的减免待遇：无机构、无联系的中国境内所得 6. 民族自治地方企业的减免待遇：民族自治地方的自治机关对本民族自治地方的企业应缴纳的企业所得税中属于地方分享的部分，可以决定减征或者免征 自治州、自治县决定减征或者免征的，须报省、自治区、直辖市人民政府批准	
（六）企业所得税的其他优惠★	1. 加计扣除 企业的下列支出，可以在计算应纳税所得额时加计扣除 （1）开发新技术、新产品、新工艺发生的研究开发费用 （2）安置残疾人员及国家鼓励安置的其他就业人员所支付的工资 案例：某公司营业收入1000万元，成本600万元，其中原材料成本400万元，研发费用200万元。若无此项优惠，企业所得税为：(1000－600)×25% 在研发费用加计扣除的情况下为：(1000－400－200×1.75)×25%，其本质是允许将研发费用和残疾人工资做大，减少应纳税所得额 2. 公益捐赠 企业发生的公益性捐赠支出，在年度利润总额12%以内的部分，准予在计算应纳税所得额时扣除；超过年度利润总额12%的部分，准予结转以后3年内在计算应纳税所得额时扣除	

二、个人所得税

（一）纳税人★★★

分类	标准	征税对象
居民个人	1. 在中国境内有住所的个人 2. 无住所而一个纳税年度内在中国境内居住累计满183天的个人	中国境内和境外取得的所得
非居民个人	在中国境内无住所又不居住，或者无住所而一个纳税年度内在中国境内居住累计不满183天的个人	仅就中国境内取得的所得交纳个人所得税

（二）个人所得税的计算

个人收入，划分为不同的类型。目前我国采取综合与分类相结合的个人所得税税制。

1. 综合所得	（1）工资、薪金所得 （2）劳务报酬所得 （3）稿酬所得 （4）特许权使用费所得
2. 经营所得	
3. 利息、股息、红利所得	
4. 财产租赁所得	
5. 财产转让所得	
6. 偶然所得	

1. 综合所得

（1）4种收入类型及范围★★★

类型	内容	收入额的确定
①工资、薪金所得	个人因任职或者受雇取得的工资、薪金、奖金、年终加薪、劳动分红、津贴、补贴以及与任职或者受雇有关的其他所得	—
②劳务报酬所得	个人从事劳务取得的所得，个人兼职取得的收入应按照“劳务报酬所得”纳税	收入减除20%的费用后，余额为收入额
③特许权使用费所得	个人提供专利权、商标权、著作权、非专利技术以及其他特许权的使用权取得的所得	
④稿酬所得	个人因其作品以图书、报刊形式出版、发表而取得的所得	收入减除20%的费用后，余额为收入额，收入额减按70%计算。如刘安琪获得稿酬10万元，计税的收入额 = 10 × (1 − 20%) × 70% = 5.6万元

（2）应纳税所得额

以每一纳税年度的收入额减除费用6万元以及专项扣除、专项附加扣除和依法确定的其他扣除后的余额，为应纳税所得额。

应纳税所得额 = 收入额 − 费用 − 专项扣除 − 专项附加扣除 − 其他扣除

①费用（生计费）

每一纳税年度费用扣除限额为6万元。

②专项扣除（三险一金）

居民个人按照国家规定的范围和标准缴纳的基本养老保险、基本医疗保险、失业保险等社会保险费和住房公积金等。

③专项附加扣除

赡养老人、子女教育、继续教育、大病医疗、住房贷款利息或住房租金、婴幼儿照护支出【新增】7 项专项附加扣除。

④公益捐赠的扣除

个人将其所得对教育、扶贫、济困等公益慈善事业进行捐赠，捐赠额未超过纳税人申报的应纳税所得额 30% 的部分，可以从其应纳税所得额中扣除。

（3）税率：3% ~45% 超额累进税率

2. 其他所得类型

类型	应纳税所得额	税率
（1）经营所得★	以每一纳税年度的收入总额减除成本、费用以及损失后的余额	超额累进税率 5% ~35%
（2）利息、股息、红利所得	每次收入额为应纳税所得额	20%
（3）财产租赁所得	每次收入不超过 4000 元的，减除费用 800 元 4000 元以上的，减除 20% 的费用，余额为应纳税所得额	20%
（4）财产转让所得	以转让财产的收入额减除财产原值和合理费用后的余额为应纳税所得额	20%
（5）偶然所得	以每次收入额为应纳税所得额	20%

3. 个人所得税的税收优惠

（1）免税收入	①高级别公益奖金★★★ 省级人民政府、国务院部委和中国人民解放军军以上单位，以及外国组织、国际组织颁发的科学、教育、技术、文化、卫生、体育、环境保护等方面的奖金 ②国债和国家发行的金融债券利息 ③按照国家统一规定发给的补贴、津贴 ④福利费、抚恤金、救济金 ⑤保险赔款 ⑥军人的转业费、复员费、退役金 ⑦按照国家统一规定发给干部、职工的安家费、退职费、基本养老金或者退休费、离休费、离休生活补助费 ⑧依我国有关法律规定应予免税的各国驻华使馆、领事馆的外交代表、领事官员和其他人员的所得 ⑨中国政府参加的国际公约、签订的协议中规定免税的所得 ⑩经国务院规定的其他免税所得（由国务院报全国人民代表大会常务委员会备案）
（2）可以减征	有下列情形之一的，可以减征个人所得税，具体幅度和期限，由省、自治区、直辖市人民政府规定，并报同级人民代表大会常务委员会备案 ①残疾、孤老人员和烈属的所得 ②因自然灾害遭受重大损失的 国务院可以规定其他减税情形，报全国人民代表大会常务委员会备案

（三）个人所得税的纳税申报

1. 代扣代缴	（1）个人所得税以所得人为纳税人，以支付所得的单位或者个人为扣缴义务人 （2）纳税人有中国公民身份号码的，以中国公民身份号码为纳税人识别号 纳税人没有中国公民身份号码的，由税务机关赋予其纳税人识别号
2. 纳税人应当依法办理纳税申报的情形	（1）取得综合所得需要办理汇算清缴 （2）取得应税所得没有扣缴义务人 （3）取得应税所得，扣缴义务人未扣缴税款 （4）取得境外所得 （5）因移居境外注销中国户籍 （6）非居民个人在中国境内从两处以上取得工资、薪金所得
3. 汇算清缴	（1）综合所得 ①居民个人取得综合所得，按年计算个人所得税 有扣缴义务人的，由扣缴义务人按月或者按次预扣预缴税款 需要办理汇算清缴的，应当在取得所得的次年3月1日至6月30日内办理汇算清缴 ②非居民个人取得综合所得，有扣缴义务人的，由扣缴义务人按月或者按次代扣代缴税款，不办理汇算清缴 （2）经营所得 纳税人取得经营所得，按年计算个人所得税，由纳税人在月度或者季度终了后15日内向税务机关报送纳税申报表，并预缴税款；在取得所得的次年3月31日前办理汇算清缴

三、税收征收管理制度

（一）纳税人的权利

1. 信息权	有权了解国家税收法律、法规及与纳税程序有关的情况
2. 秘密权	（1）税务机关应当依法为纳税人、扣缴义务人的情况保密 （2）纳税人、扣缴义务人的违法行为不属于保密范围
3. 申请减、免、退税的权利	—
4. 救济权	检举、控告、申请行政复议、申请国家赔偿

（二）税款征收措施——税收保全与强制执行措施

1. 税收保全措施

（1）概念	税收保全措施是在纳税期之前采用的，防止纳税人逃避纳税义务，保障国家税款的措施
（2）对象	只能对从事生产、经营的纳税人采用，对其他纳税人、扣缴义务人不能采用
（3）条件	①限期缴纳 税务机关有根据认为从事生产经营的纳税人有逃避纳税义务的行为，在规定的纳税期之前责令纳税人限期缴纳税款 ②责令提供担保 在限期内税务机关发现纳税人有明显的转移、隐匿其应纳税的商品、货物以及其他财产或者

续表

（3）条件	应纳税的收入的迹象，遂责成纳税人提供担保 ③采取措施 纳税人又不能提供纳税担保，经县级以上税务局（分局）局长批准，采取税务保全措施
（4）内容	①书面通知纳税人的开户银行或者其他金融机构冻结纳税人的金额相当于应纳税款的存款 ②扣押、查封纳税人的价值相当于应纳税款的商品、货物或者其他财产
（5）后续	采取保全措施后 ①按期缴纳税款的，解除保全 ②不按期缴纳的，经县级以上税务局（分局）局长批准，采取强制执行措施

2. 税收强制执行

（1）对象	①从事生产、经营的纳税人 ②扣缴义务人 ③纳税担保人
（2）条件	①限期缴纳 从事生产、经营的纳税人、扣缴义务人未按照规定的期限缴纳或者解缴税款，纳税担保人未按照规定的期限缴纳所担保的税款，由税务机关责令限期缴纳 ②采取措施 逾期仍未缴纳，经县级以上税务局（分局）局长批准，采取强制执行措施
（3）内容	①书面通知其开户银行或者其他金融机构从其存款中扣缴税款 ②扣押、查封、依法拍卖或者变卖其价值相当于应纳税款的商品、货物或者其他财产，以拍卖或者变卖所得抵缴税款 ③税务机关采取强制执行措施时，对前述所列纳税人、扣缴义务人、纳税担保人未缴纳的滞纳金同时强制执行

3. 不适用税收保全与强制执行的财产

（1）生活必需	①个人及其所扶养家属维持生活必需的住房和用品，不在税收保全和强制执行措施的范围之内 ②机动车辆、金银首饰、古玩字画、豪华住宅或一处以外的住房不属于生活必需
（2）低单价其他生活用品	单价 5000 元以下的其他生活用品

【归纳总结】

<table>
<tr><th>★</th><th>适用对象</th><th>适用时间</th><th>步骤</th><th>措施</th><th>关系</th></tr>
<tr><td>保全措施</td><td>生产经营的纳税人</td><td>纳税期前</td><td>限期缴纳
提供担保
局长批准</td><td>冻结存款
查封、扣押财产</td><td rowspan="2">保全后，限期内仍未缴纳，经再次批准，采取强制措施</td></tr>
<tr><td>强制执行</td><td>生产经营的纳税人、
扣缴义务人、
纳税担保人</td><td>纳税期后</td><td>限期缴纳
局长批准</td><td>划拨存款
查封扣押
并拍卖、变卖</td></tr>
</table>

（三）税收优先权

1. 无担保债权	税收优先于无担保债权
2. 有担保债权	（1）先欠税，后为其他债权设定抵押——先还税 （2）先为其他债权设定抵押，后欠税——先还债，后还税
3. 罚款、没收违法所得	税收优先于罚款、没收违法所得

（四）税款的追征

<table>
<tr><td>1. 税务机关原因</td><td colspan="2">（1）3 年内，税务机关可以要求补缴税款
（2）不得加收滞纳金</td></tr>
<tr><td rowspan="3">2. 纳税人原因</td><td rowspan="2">（1）因失误导致未缴/少缴</td><td>累计欠税 10 万元以内的
① 3 年内追征
② 加收滞纳金</td></tr>
<tr><td>累计欠税 10 万元以上的
① 5 年内追征
② 加收滞纳金</td></tr>
<tr><td>（2）偷税、抗税、骗税</td><td>① 无限期追征
② 加收滞纳金</td></tr>
</table>

第七章 审计法

一、概述

（一）审计机关

1. 国务院和县级以上地方人民政府设立审计机关。

2. 国务院设立审计署，在国务院总理的领导下，主管全国的审计工作。

3. 地方各级审计机关对本级政府和上一级审计机关负责并报告工作，审计业务以上级审计机关领导为主。

（二）审计机关负责人的任免

1. 审计机关负责人在没有违法失职或其他不符合任职条件的情况下，不得随意撤换。

2. 地方各级审计机关负责人的任免，应当事先征求上一级审计机关的意见。

（三）审计机关和审计人员的行为准则

1	不得参加可能影响其依法独立履行审计监督职责的活动，不得干预、插手被审计单位及其相关单位的正常生产经营和管理活动
2	审计人员办理审计事项，与被审计单位或者审计事项有利害关系的，应当回避
3	在执行职务中知悉的国家秘密、工作秘密、商业秘密、个人隐私和个人信息，应当予以保密，不得泄露或者向他人非法提供

二、审计职责★

（一）职责范围

1. 对各级政府、部门、机构的审计

（1）	审计机关对本级各部门（含直属单位）和下级政府预算的执行情况和决算以及其他财政收支情况，进行审计监督
（2）	审计署对中央预算执行情况、决算草案以及其他财政收支情况进行审计监督，向国务院总理提出审计结果报告
（3）	地方各级审计机关对本级预算执行情况、决算草案以及其他财政收支情况进行审计监督，向本级人民政府和上一级审计机关提出审计结果报告
（4）	审计署对中央银行的财务收支，进行审计监督

2. 对事业组织的审计

审计机关对国家的事业组织和使用财政资金的其他事业组织的财务收支，进行审计监督。

3. 对企业、金融机构的审计

（1）国有性质	对国有企业、国有金融机构和国有资本占控股地位或者主导地位的企业、金融机构的资产、负债、损益以及其他财务收支情况，进行审计监督
（2）其他金融机构	遇有①涉及国家财政金融重大利益情形，为维护国家经济安全②经国务院批准③审计署可以对其他的金融机构进行专项审计调查或者审计

4. 对项目的审计

（1）政府投资	对政府投资和以政府投资为主的建设项目的预算执行情况和决算，进行审计监督
（2）其他	对其他关系国家利益和公共利益的重大公共工程项目的资金管理使用和建设运营情况，进行审计监督

5. 其他

（1）国有资源、国有资产	—
（2）特殊基金	对政府部门管理的和其他单位受政府委托管理的社会保险基金、全国社会保障基金、社会捐赠资金以及其他公共资金的财务收支，进行审计监督
（3）外部援助	对国际组织和外国政府援助、贷款项目的财务收支，进行审计监督
（4）政策措施贯彻落实情况	根据经批准的审计项目计划安排，审计机关可以对被审计单位贯彻落实国家重大经济社会政策措施情况进行审计监督

（二）职责履行

1. 全面审计与专项审计

（1）审计机关可以对被审计单位依法应当接受审计的事项进行全面审计，也可以对其中的特定事项进行专项审计。

（2）审计机关有权对与国家财政收支有关的特定事项，向有关地方、部门、单位进行专项审计调查，并向本级人民政府和上一级审计机关报告审计调查结果。

2. 风险隐患通报

审计机关履行审计监督职责，发现经济社会运行中存在风险隐患的，应当及时向本级人民政府报告或者向有关主管机关、单位通报。

3. 审计管辖

（1）原则	根据被审计单位的财政、财务隶属关系或者国有资源、国有资产监督管理关系，确定审计管辖范围
（2）争议解决	对审计管辖范围有争议的，由其共同的上级审计机关确定

续表

（3）授权和上提	①上级审计机关对其审计管辖范围内的审计事项，可以授权下级审计机关进行审计，但对各级政府、部门、机构的审计事项不得进行授权 ②上级审计机关对下级审计机关审计管辖范围内的重大审计事项，可以直接进行审计，但是应当防止不必要的重复审计

三、审计流程

（一）程序启动	1. 组成审计组 2. 实施审计 3 日前，向被审计单位送达审计通知书 3. 遇有特殊情况，经县级以上政府审计机关负责人批准，可以直接持审计通知书实施审计
（二）审计调查	1. 审计人员通过审查财务、会计资料，查阅与审计事项有关的文件、资料，检查现金、实物、有价证券和信息系统，向有关单位和个人调查等方式进行审计，并取得证明材料 2. 进行调查时，审计人员应当不少于 2 人，并出示其工作证件和审计通知书副本
（三）审计报告	1. 审计组对审计事项实施审计后，应当向审计机关提出审计组的审计报告 2. 审计组的审计报告报送审计机关前，应当征求被审计单位的意见 3. 被审计单位应当自接到审计组的审计报告之日起 10 日内，将其书面意见送交审计组。审计组应当将被审计单位的书面意见一并报送审计机关
（四）审计决定	1. 审计机关对审计组的审计报告进行审议，并对被审计单位提出的意见一并研究后，出具审计机关的审计报告 2. 对违反国家规定的财政收支、财务收支行为，依法应当给予处理、处罚的，审计机关在法定职权范围内作出审计决定 需要移送有关主管机关、单位处理、处罚的，审计机关应当依法移送 3. 审计机关应当将审计机关的审计报告和审计决定送达被审计单位和有关主管机关、单位，并报上一级审计机关 审计决定自送达之日起生效 4. 上级审计机关认为下级审计机关作出的审计决定违反国家有关规定的，可以责成下级审计机关予以变更或者撤销，必要时也可以直接作出变更或者撤销的决定

第八章 银行业法

一、中国人民银行与国务院银行业监督管理机构的监管范围

中国人民银行（业务指导）	国务院银行业监督管理机构（行政监管）
1. 要求商业银行交存款准备金 2. 银行间债券市场债券发行、买卖金融债券 3. 到境外借款 4. 批准开展结汇、售汇业务 5. 同业拆借	1. 批准商业银行的设立、变更、终止和业务范围 2. 批准开设分支机构 3. 审查批准或备案银行业金融机构业务范围内的业务品种 4. 责令停业整顿或吊销经营许可证 5. 同意银行破产

二、商业银行的业务

（一）贷款

1. 贷款发放原则	（1）审贷分离 （2）分级审批
2. 贷款分类	信用贷款和担保贷款
3. 人情贷款★	（1）关系人 ①商业银行的董事、监事、管理人员、信贷业务人及其近亲属 ②上述人员投资或者担任高级管理职务的公司、企业和其他经济组织 （2）相关要求 ①不得向关系人发放信用贷款 ②向关系人发放担保贷款的条件不得优于其他借款人同类贷款的条件
4. 禁止行为★	借款人不得利用贷款 （1）从事股本权益性投资 （2）在有价证券、期货方面进行投机性的经营活动 （3）从事房地产业务，有经营房地产资格的除外 （4）进行借贷谋取非法收入

（二）投资业务

1. 投资范围	主要是指在金融市场购买有价证券（政府债券和企业债券）
2. 禁止投资领域★	（1）从事信托投资和证券经营业务 （2）投资于非自用不动产 （3）向非银行金融机构和企业投资（银行不得直接债转股）
3. 尽快处置要求	因行使担保权取得的股权、不动产，2年内予以处分

三、商业银行的破产

1. 单一破产原因	不能支付到期债务
2. 行政审批前置	商业银行破产应当经国务院银行业监督管理机构同意
3. 清算组	国务院银行业监督管理机构等有关部门和有关人员成立清算组，进行清算
4. 清偿顺序	清算费用——职工工资和劳动保险费用——优先支付个人储蓄存款本息

四、银行业监督管理机构的监督管理措施

（一）强制整改制度

1. 前提	（1）银行业金融机构违反审慎经营规则，国务院银行业监督管理机构或其省一级派出机构应当责令限期改正 （2）逾期未改正的，或其行为严重危及该银行业金融机构的稳健运行、损害存款人和其他客户合法权益的 （3）经国务院银行业监督管理机构或其省一级派出机构负责人批准
2. 可采取的措施	（1）责令暂停部分业务、停止批准开办新业务 （2）限制分配红利和其他收入 （3）限制资产转让 （4）责令控股股东转让股权或限制有关股东的权利 （5）责令调整董事、高管或限制其权利 （6）停止批准增设分支机构

（二）接管、重组与撤销

1. 前提	• 接管/重组★ （1）商业银行已经或可能发生信用危机 （2）严重影响存款人的利益时 （3）银行业监督管理机构可决定对该商业银行实行接管或重组 • 撤销 银行业金融机构有违法经营、经营管理不善等情形，不予撤销将严重危害金融秩序、损害公众利益的，银行业监督管理机构有权予以撤销
2. 程序	（1）银行业监督管理机构决定并公告 （2）银行业监督管理机构指定监管组织取代原管理层

续表

3. 债权债务	被接管的商业银行债权债务关系不因接管发生变化
4. 期限	接管期限最长不得超过2年（含延期在内）
5. 接管的终止	（1）接管期限届满或接管延期届满 （2）商业银行已经恢复正常经营能力 （3）商业银行被合并或破产
6. 坚守岗位	银行业金融机构被接管、重组或者被撤销的，银行业监督管理机构有权要求该银行业金融机构的董事、高管和其他工作人员，按银行业监督管理机构的要求履行职责
7. 相关措施	在接管、机构重组或撤销清算期间，经银行业监督管理机构负责人批准，对直接负责的董事、高管和其他直接责任人员，可以采取下列措施 （1）上述人员出境将对国家利益造成重大损失的，通知出境管理机关依法阻止其出境 （2）申请司法机关禁止其转移、转让财产或者对其财产设定其他权利

（三）查询、冻结账户

1. 查询账户	（1）经国务院银行业监督管理机构或者其省一级派出机构负责人批准 （2）银行业监督管理机构有权查询涉嫌金融违法的银行业金融机构及其工作人员以及关联行为人的账户
2. 冻结账户	（1）对涉嫌转移或者隐匿违法资金的 （2）经银行业监督管理机构负责人批准 可以申请司法机关予以冻结

第九章 土地法和房地产法

一、土地的“二元结构”

（一）国家土地所有权与集体土地所有权

—	所有权人
国家土地所有权	国家；国家土地所有权由国务院代表国家行使，国务院可授权地方政府或其职能部门行使国家土地所有权
集体土地所有权	农民集体［村集体/村民委员会；村民小组；乡（镇）农村集体经济组织作为代表］

（二）土地征收（集体土地转为国有土地）

1. 严格限制土地征收范围

为了公共利益的需要，确需征收农民集体所有的土地的，可以依法实施征收。

2. 征地审批权限★

（1）国务院	①永久基本农田 ②永久基本农田以外的耕地超过35公顷的 ③其他土地超过70公顷的
（2）省级政府	征收其他土地

3. 土地征收的程序

（1）批前公告	县级以上政府将征收范围、土地现状公告至少30日，听取被征地的农村集体经济组织及其成员、村民委员会和其他利害关系人的意见
（2）听证会	多数被征地的农村集体经济组织成员认为征地补偿安置方案不符合法律、法规规定的，应当组织召开听证会
（3）达成协议及补偿	县级以上地方人民政府与拟征收土地的所有权人、使用权人就补偿、安置等签订协议
（4）申请征收	相关前期工作完成后，县级以上地方人民政府方可申请征收土地
（5）实施	批准后，由县级以上地方人民政府予以公告并组织实施

4. 征收土地的补偿

（1）补偿内容	土地补偿费＋安置补助费＋农村村民住宅、其他地上附着物和青苗等的补偿费用＋被征地农民的社会保障费用
（2）补偿标准	①征收农用地的土地补偿费、安置补助费标准由省、自治区、直辖市通过制定公布区片综合地价确定 ②区片综合地价至少每3年调整或者重新公布1次
（3）社会保险	县级以上政府应当将被征地农民纳入相应的养老等社会保障体系

二、集体土地使用权

（一）永久基本农田保护制度

1. 永久基本农田

各省、自治区、直辖市划定的永久基本农田一般应当占本行政区域内耕地的**80%**以上。

2. 永久基本农田的严格保护

（1）禁止擅自占用或改变用途★★	①永久基本农田经依法划定后，任何单位和个人不得擅自占用或者改变其用途 ②禁止占用永久基本农田发展林果业和挖塘养鱼 ③农村村民建住宅，不得占用永久基本农田
（2）转用审批或征收由国务院批准	①国家能源、交通、水利、军事设施等重点建设项目选址确实难以避让永久基本农田，涉及农用地转用或者土地征收的，必须经国务院批准 ②禁止通过擅自调整县级土地利用总体规划、乡（镇）土地利用总体规划等方式规避永久基本农田农用地转用或者土地征收的审批

（二）宅基地

1. 概念	是依法经审批由农村集体经济组织分配给其内部成员用于建造住宅及其附属设施的，没有使用期限限制的集体土地使用权
2. 一户一宅及其例外	（1）农村村民一户只能拥有一处宅基地，其宅基地的面积不得超过省、自治区、直辖市规定的标准 （2）人均土地少、不能保障一户拥有一处宅基地的地区，县级人民政府保障农村村民实现户有所居
3. 不得占用永久基本农田	农村村民建住宅，应当符合乡（镇）土地利用总体规划、村庄规划，不得占用永久基本农田，并尽量使用原有的宅基地和村内空闲地
4. 乡政府审批	农村村民住宅用地，由乡（镇）人民政府审核批准
5. 处分后不再批准	农村村民出卖、出租、赠与住宅后，再申请宅基地的，不予批准
6. 自愿有偿退出	国家允许进城落户的农村村民依法自愿有偿退出宅基地，鼓励农村集体经济组织及其成员盘活利用闲置宅基地和闲置住宅

（三）集体建设用地入市★★★

1. 集体建设用地可入市，打破土地的“城乡二元结构”	
（1）范围	土地利用总体规划、城乡规划确定为工业、商业等经营性用途，并经依法登记的集体经营性建设用地
（2）方式	土地所有权人可以通过出让、出租等方式交由单位或者个人使用，并应当签订书面合同
2. 程序	经本集体经济组织成员的村民会议 2/3 以上成员或者 2/3 以上村民代表的同意
3. 再流转	通过出让等方式取得的集体经营性建设用地使用权可以转让、互换、出资、赠与或者抵押，但法律、行政法规另有规定或者另有约定的除外

《城市房地产管理法》第 9 条规定，城市规划区内的集体所有的土地必须先征收为国有土地后才能出让，法律另有规定的除外。

三、国有土地使用权

（一）出让土地使用权

1. 概念	土地使用者：支付出让金而原始取得的；有期限限制的国有土地使用权
2. 出让方式	（1）拍卖、招标、挂牌和协议出让 （2）限制协议出让 ①商业、旅游、娱乐和豪华住宅用地，应当采取拍卖、招标方式；没有条件的，可以采取协议方式 ②采取协议方式的，出让金不得低于国家确定的最低价
3. 最长期限	（1）居住用地 70 年 （2）工业用地 50 年 （3）教育、科学、文化、卫生、体育用地 50 年 （4）商业、旅游、娱乐用地 40 年 （5）综合或者其他用地 50 年
4. 用途转变★★★	（1）出让方和市、县人民政府城市规划行政主管部门的同意 （2）签订土地使用权出让合同变更协定或重新签订土地使用权出让合同
5. 流转★★★	（1）已经支付全部出让金，并取得土地使用权证 （2）按出让合同进行投资开发，属房屋建设工程的，**完成开发投资总额的 25% 以上**；属成片开发土地的，形成工业用地或其他建设用地条件

（二）划拨土地使用权

1. 概念	土地使用者经县级以上政府批准，在缴纳补偿、安置等费用后所取得的，或者无偿取得的，没有使用期限限制的国有土地使用权
2. 划拨方式	（1）支付补偿安置费——需征收、征用集体土地或占用其他用地者正在使用的国有土地的 （2）无偿取得——划拨地为国有荒地、空地的

续表

3. 范围	(1) 国家机关用地和军事用地 (2) 城市基础设施用地和公益事业用地 (3) 国家重点扶持的能源、交通、水利等项目用地 (4) 法律、行政法规规定的其他用地	
4. 流转★	有权政府审批	(1) 受让方补办出让手续，补交出让金——划拨地变为出让地
		(2) 有权政府决定不办理出让手续的，转让方应当将土地收益上缴国家

真 题

甲企业将其厂房及所占划拨土地一并转让给乙企业，乙企业依法签订了出让合同，土地用途为工业用地。5年后，乙企业将其转让给丙企业，丙企业欲将用途改为商业开发。关于该不动产权利的转让，下列哪些说法是正确的?[1] (2015年，多选)

A. 甲向乙转让时应报经有批准权的政府审批

B. 乙向丙转让时，应已支付全部土地使用权出让金，并取得国有土地使用权证书

C. 丙受让时改变土地用途，须取得有关自然资源部门和规划部门的同意

D. 丙取得该土地及房屋时，其土地使用年限应重新计算

四、城市房地产管理法

(一) 限期开发制度	1. 应按出让合同，按期动工开发 2. 满1年未动工开发的，收取土地闲置费（不超过出让金的20%） 满2年未动工开发的，无偿收回土地使用权
(二) 预售的条件★	1. 已交付全部土地使用权出让金，取得土地使用权证书 2. 持有建设工程规划许可证 3. 按提供预售的商品房计算，投入开发建设的资金达到工程建设总投资的25%以上，并已经确定施工进度和竣工交付日期 4. 取得预售许可证明 【注意】出卖人未取得商品房预售许可证明，与买受人订立的商品房预售合同，应当认定无效，但是在起诉前取得商品房预售许可证明的，可以认定有效
(三) 商品房预售合同备案	1. 商品房预售人应当按照国家有关规定将预售合同报县级以上人民政府房产管理部门和土地管理部门登记备案 2. 商品房预售合同未按照法律、行政法规规定办理登记备案手续，合同并不因此而无效

[1] 答案：ABC。

劳动与社会保障法

劳动与社会保障法
- 劳动法
- 社会保险法
- 军人保险法

第一章 劳动法

一、劳动法的调整对象

（一）调整劳动关系以及与劳动关系密切联系的其他社会关系。

（二）劳动关系

1. 主体特点	（1）一方是单位，一方是劳动者 （2）禁止招用**未满 16 周岁的童工**，但文艺、体育、特种工艺单位确需招用未满 16 周岁的文艺工作者、运动员和艺徒除外
2. 内容复合	人身关系 + 财产关系
3. 权利性质	平等关系 + 隶属关系

二、劳动合同

（一）劳动合同的订立

1. 劳动合同的种类

（1）以完成一定工作为期限的劳动合同；

（2）有固定期限的劳动合同；

（3）无固定期限的劳动合同★。

情形	①协商一致	用人单位与劳动者协商一致，可以订立无固定期限的劳动合同
	②法定情形	有下列情形之一，劳动者提出或者同意续订、订立劳动合同的，除劳动者提出订立固定期限劳动合同外，应当订立无固定期限的劳动合同 ● 劳动者在该用人单位连续工作满 10 年的 ● 双十规则：用人单位初次实行劳动合同制度或者国有企业改制重新订立劳动合同时，劳动者在该用人单位连续工作满 10 年且距法定退休年龄不足 10 年的 ● 2 +1 规则：连续订立 2 次固定期限劳动合同，且劳动者无《劳动合同法》第 39 条和第 40 条第 1 项、第 2 项规定的情形（即劳动者无过错，且能胜任），续订劳动合同的 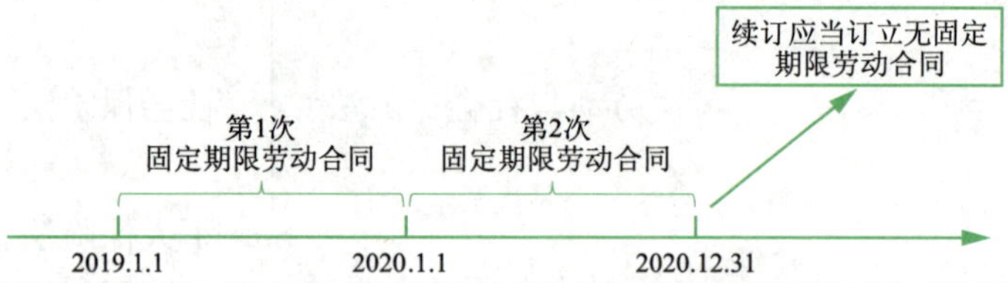
违规后果		用人单位违反劳动合同法规定不与劳动者订立无固定期限劳动合同的，自应当订立无固定期限劳动合同之日起向劳动者每月支付 2 倍的工资

2. 订立劳动合同的时间要求

原则：用工之日，为劳动关系建立之日；建立劳动关系，应当订立书面劳动合同。

（1）单位原因，迟延订立书面劳动合同

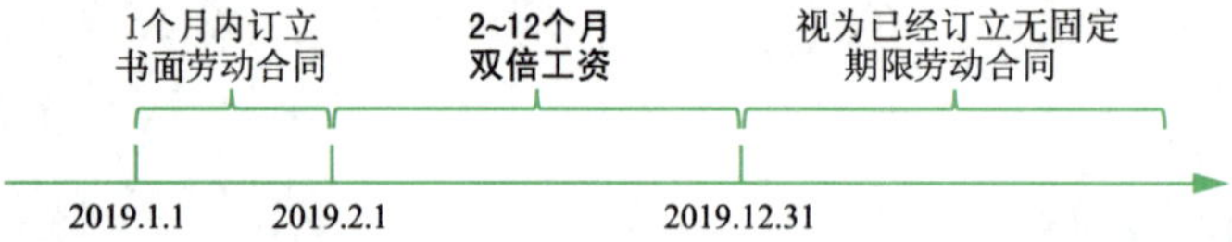

（2）个人原因，迟延订立书面劳动合同

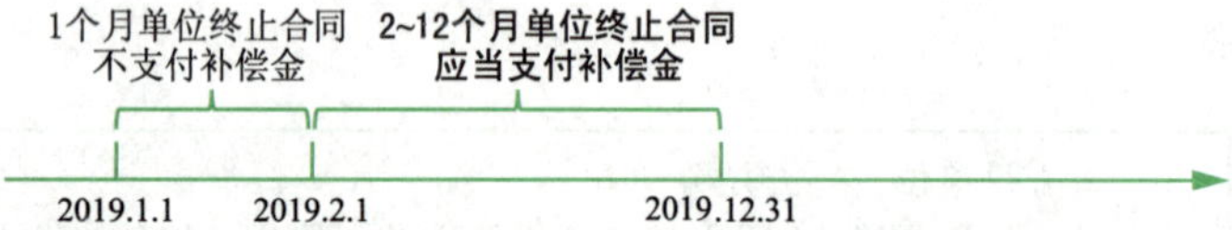

（二）劳动合同的内容

1. 必备条款：（1）劳动合同当事人信息；（2）劳动合同期限；（3）工作内容和地点；（4）工作时间和休息休假；（5）劳动报酬；（6）社会保险等。

2. 可备条款：用人单位与劳动者可以约定试用期、培训、保守秘密、补充保险和福利待遇等其他事项。

（1）试用期条款

①基本规定	A. 同一用人单位与同一劳动者只能约定一次试用期 B. 试用期包含在劳动合同期限内。劳动合同仅约定试用期的，试用期不成立，该期限为劳动合同期限

续表

②时间限制	A. 以完成一定工作任务为期限的劳动合同或者劳动合同期限不满3个月的，不得约定试用期 B. 劳动合同期限3个月以上不满1年的，试用期不得超过1个月 C. 劳动合同期限1年以上不满3年的，试用期不得超过2个月 D. 3年以上固定期限和无固定期限的劳动合同，试用期不得超过6个月
③试用期工资	劳动者在试用期的工资不得低于本单位相同岗位最低档工资的80%或者劳动合同约定工资的80%，并不得低于用人单位所在地的最低工资标准
④解除劳动合同	A. 劳动者提前3天通知，可以解除合同 B. 试用期内，劳动者不符合录用条件的，用人单位可以任意解除合同

（2）服务期条款

①前提	用人单位为劳动者提供专项培训费用，对其进行专业技术培训的，可以与该劳动者订立协议，约定服务期
②期限	服务期长于劳动合同时，自动顺延，另有约定除外
③违约金	A. 违约金总额限制：不得超过用人单位提供的培训费用 B. 实际支付数额的限制：不得超过服务期尚未履行部分所应分摊的培训费用
④待遇	服务期内，不影响按照正常的工资调整机制提高劳动者报酬

（3）竞业限制期

①适用范围	明确约定，才生效 并不因为约定了保密义务，而当然有竞业限制期
	两高一保：只能对高级管理人员、高级技术人员和其他负有保密义务的劳动者约定竞业限制条款
②期限	竞业限制期最长为2年 竞业限制期内劳动者可以到非竞争单位工作
③竞业限制期内的补偿	A. 竞业限制期内单位应当按月支付补偿 B. 未约定补偿标准的：劳动关系解除前12个月平均工资的30% C. 单位3个月未支付经济补偿的，竞业限制解除
④单位可主动解除	须额外支付3个月补偿
⑤劳动者违约	应当向单位支付违约金，且单位有权要求劳动者继续履行剩余竞业限制期

注意：除服务期＋竞业限制外，用人单位不得与劳动者约定由劳动者承担的违约金。

（三）劳动合同的解除（注意经济补偿金）★

1. 协商解除

（1）劳动者提出——不给经济补偿金；

（2）单位提出——给经济补偿金。

2. 劳动者单方解除

（1）预告解除 ________支付补偿金	①劳动者提前 30 日以书面形式通知用人单位，可以解除劳动合同 ②劳动者在试用期内提前 3 日通知用人单位，可以解除劳动合同
（2）任意解除 （单位过错） ________支付补偿金	通知即可，无须提前 30 天 ①未按照劳动合同约定提供劳动保护或者劳动条件的 ②未及时足额支付劳动报酬的 ③未依法为劳动者缴纳社会保险费的 ④用人单位的规章制度违反法律、法规的规定，损害劳动者权益的 ⑤单位欺诈、胁迫订立劳动合同，致使劳动合同无效的可以立即解除劳动合同，不需事先告知用人单位 ⑥用人单位以暴力、威胁或者非法限制人身自由的手段强迫劳动者劳动的，或者用人单位违章指挥、强令冒险作业危及劳动者人身安全的

3. 单位单方解除

（1）无过失性辞退（预告解除）（________支付补偿金）【受限制】

用人单位提前 30 日以书面形式通知劳动者本人或者额外支付劳动者 1 个月工资后，可以解除劳动合同	
① 伤病	劳动者患病或者非因工负伤，在规定的医疗期满后不能从事原工作，也不能从事由用人单位另行安排的工作的
② 不能胜任	劳动者不能胜任工作，经过培训或者调整工作岗位，仍不能胜任工作的
③ 重大变化	劳动合同订立时所依据的客观情况发生重大变化，致使劳动合同无法履行，经用人单位与劳动者协商，未能就变更劳动合同内容达成协议的
注意：先行调整再离去	

（2）过失性辞退（________支付补偿金）

劳动者有下列情形之一的，用人单位可以解除劳动合同	
①	在试用期间被证明不符合录用条件的
②	严重违反用人单位的规章制度的
③	严重失职，营私舞弊，给用人单位造成重大损害的
④	劳动者同时与其他用人单位建立劳动关系，对完成本单位的工作任务造成严重影响，或者经用人单位提出，拒不改正的
⑤	劳动者欺诈、胁迫订立劳动合同，致使劳动合同无效的
⑥	被依法追究刑事责任的

（3）经济性裁员（________支付补偿金）【受限制】

概念	需要裁减人员 20 人以上或者裁减不足 20 人但占企业职工总数 10% 以上的

续表

适用情形	①依照企业破产法规定进行重整的 ②生产经营发生严重困难的 ③企业转产、重大技术革新或者经营方式调整，经变更劳动合同后，仍需裁减人员的 ④其他因劳动合同订立时所依据的客观经济情况发生重大变化，致使劳动合同无法履行的
程序	用人单位提前30日向工会或者全体职工说明情况，听取工会或者职工的意见后，裁减人员方案须向劳动行政部门报告
优先留用	裁减人员时，应当优先留用下列人员： ①与本单位订立较长期限的固定期限劳动合同的 ②与本单位订立无固定期限劳动合同的 ③家庭无其他就业人员，有需要扶养的老人或者未成年人的

（4）单位单方解除权的限制

劳动者有下列情形之一的，用人单位不得无过失性解除、经济性裁员：	
①	从事接触职业病危害作业的劳动者未进行离岗前职业健康检查，或者疑似职业病病人在诊断或者医学观察期间的
②	在本单位患职业病或者因工负伤并被确认丧失或者部分丧失劳动能力的
③	患病或者非因工负伤，在规定的医疗期内的
④	女职工在孕期、产期、哺乳期的
⑤	在本单位连续工作满15年，且距法定退休年龄不足5年的
⑥	法律、行政法规规定的其他情形

（四）劳动合同的终止

有下列情形之一的，劳动合同终止	是否需要向劳动者支付经济补偿金
1. 劳动合同期满的	（1）单位维持或提高原有待遇，劳动者不续签的，无须支付 （2）因单位原因导致不续签的，应当支付
2. 劳动者开始依法享受基本养老保险待遇的	否
3. 劳动者死亡，或者被人民法院宣告死亡或者宣告失踪的	否
4. 用人单位被依法宣告破产的	支付
5. 用人单位被吊销营业执照、责令关闭、撤销或者用人单位决定提前解散的	支付
6. 法律、行政法规规定的其他情形	—

（五）经济补偿金★★

1. 支付规则	（1）用人单位提出解除，原则上应当支付经济补偿金，但劳动者过错的除外 （2）劳动者提出解除，原则上不支付经济补偿金，但单位有过错的除外 【总结】单位原因解除合同，应当支付；劳动者原因解除，不支付
2. 标准	（1）按劳动者在本单位的工作年限计算： ①每满 1 年支付 1 个月的工资 ②工作 6 个月以上不满 1 年的，按 1 年算 ③不满 6 个月的，支付半个月的工资 （2）最高限额 劳动者月工资高于上年度职工月平均工资 3 倍的，向其支付经济补偿的标准按职工月平均工资 3 倍的数额支付，向其支付经济补偿的年限最高不超过 12 年

（六）违法解除/终止劳动合同★★★

1. 劳动者要求继续履行	用人单位应当继续履行
2. 劳动者不要求继续履行，或劳动合同已经不能继续履行的	用人单位支付赔偿金（赔偿金 =2 倍的经济补偿金）
【注意】 1. 继续履行与支付赔偿金不能同时适用 2. 赔偿金与经济补偿金不能同时适用	

三、劳务派遣制度

（一）概述

劳动合同用工是我国的企业基本用工形式。劳务派遣用工是补充形式，只能在临时性、辅助性或者替代性的工作岗位上实施。

1. 临时性：存续时间不超过 6 个月。
2. 辅助性：为主营业务岗位提供服务的非主营业务岗位。
3. 替代性：用工单位的劳动者因脱产学习、休假等原因无法工作期间内可替代。

（二）劳务派遣单位

1. 应当履行用人单位对劳动者的义务。
2. 劳务派遣单位与被派遣劳动者订立的劳动合同，应当是 2 年以上的固定期限劳动合同。

（三）劳务派遣协议

1. 用人单位不得设立劳务派遣单位向本单位或者所属单位派遣劳动者。

2. 用工单位应当根据工作岗位的实际需要与劳务派遣单位确定派遣期限，不得将连续用工期限分割订立数个短期劳务派遣协议。

3. 用工单位不得将被派遣劳动者再派遣到其他用人单位。

（四）劳务派遣中的报酬

1. 劳务派遣单位不得克扣劳动报酬，被派遣劳动者在无工作期间，劳务派遣单位应当按照所在地人民政府规定的最低工资标准，向其按月支付报酬。

2. 劳务派遣单位和用工单位不得向被派遣劳动者收取费用。

3. 被派遣劳动者享有与用工单位的劳动者同工同酬的权利。

4. 跨地区派遣劳动者的，按用工单位所在地的标准执行。

（五）用工单位退回劳动者

1. 情形	（1）被派遣劳动者有过错（过失性辞退） （2）《劳动合同法》第 40 条第 1 项、第 2 项 ①劳动者患病或者非因工负伤，在规定的医疗期满后不能从事原工作，也不能从事由用人单位另行安排的工作的 ②劳动者不能胜任工作，经过培训或者调整工作岗位，仍不能胜任工作的
2. 退回	用工单位可以将劳动者退回劳务派遣单位，劳务派遣单位可以与劳动者解除劳动合同

（六）法律责任★

1. 用工单位给被派遣劳动者造成损害	劳务派遣单位与用工单位承担连带赔偿责任 【注意】若用人单位给劳动者造成损害，则仅用人单位承担责任，用工单位并无连带责任
2. 执行工作任务造成他人损害	（1）劳务派遣期间，被派遣的工作人员因执行工作任务造成他人损害的，由接受劳务派遣的用工单位承担侵权责任 （2）劳务派遣单位有过错的，承担相应的责任

四、劳动争议

（一）劳动争议的范围

1. 属于劳动争议的情形

（1）	劳动者与用人单位在履行劳动合同过程中发生的纠纷
（2）	劳动者与用人单位之间没有订立书面劳动合同，但已形成劳动关系后发生的纠纷
（3）	劳动者与用人单位因劳动关系是否已经解除或者终止，以及应否支付解除或者终止劳动关系经济补偿金发生的纠纷

续表

(4)	劳动者与用人单位解除或者终止劳动关系后，请求用人单位返还其收取的劳动合同定金、保证金、抵押金、抵押物发生的纠纷，或者办理劳动者的人事档案、社会保险关系等移转手续发生的纠纷
(5)	劳动者以用人单位未为其办理社会保险手续，且社会保险经办机构不能补办导致其无法享受社会保险待遇为由，要求用人单位赔偿损失发生的纠纷
(6)	劳动者退休后，与尚未参加社会保险统筹的原用人单位因追索养老金、医疗费、工伤保险待遇和其他社会保险待遇而发生的纠纷
(7)	劳动者因为工伤、职业病，请求用人单位依法给予工伤保险待遇发生的纠纷
(8)	劳动者根据《劳动合同法》第 85 条的规定，要求用人单位支付加付赔偿金发生的纠纷
(9)	因企业自主进行改制发生的纠纷

2. 不属于劳动争议的情形

(1)	劳动者请求社会保险经办机构发放社会保险金的纠纷
(2)	劳动者与用人单位因住房制度改革产生的公有住房转让纠纷
(3)	劳动者对劳动能力鉴定委员会的伤残等级鉴定结论或者对职业病诊断鉴定委员会的职业病诊断鉴定结论的异议纠纷
(4)	家庭或者个人与家政服务人员之间的纠纷
(5)	个体工匠与帮工、学徒之间的纠纷
(6)	农村承包经营户与受雇人之间的纠纷

（二）劳动争议处理方式

1. 和解	—
2. 调解组织的调解	书面或口头申请；15 日内结束；调解协议书不具有强制执行力
3. 仲裁★★★	(1) 仲裁时效：1 年，从当事人知道或者应当知道其权利被侵害之日起计算。可以中断和中止 ① 例外：劳动关系存续期间因拖欠劳动报酬发生争议的，不受仲裁时效期间的限制；但是，劳动关系终止的，应当自劳动关系终止之日起 1 年内提出 ② 未签订书面劳动合同，2 倍工资仲裁时效自未支付的当月起算 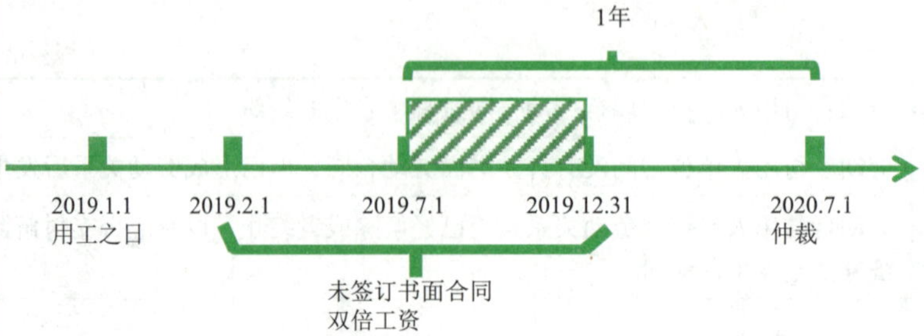 **【例子】**如上图所示，2019 年 2 月 1 日至 2019 年 12 月 31 日单位应当支付双倍工资，劳动者主张双倍工资的仲裁时效，自应当支付的“当月”起算，如 2019 年 2 月

续表

3. 仲裁★★★	双倍工资仲裁时效自2月起算，至2020年2月届满 劳动者2020年7月1日申请仲裁，此时，2019年7月至12月的双倍工资在仲裁时效内，但2019年2月至6月的双倍工资仲裁时效已过 （2）仲裁裁决 ①作出裁决前，应当先行调解。调解书经双方当事人签收后，发生法律效力，有强制执行力 ②可上诉：当事人对仲裁裁决不服的，可以自收到之日起15日内提起诉讼；期满不起诉的，裁决书发生法律效力，具有强制执行力 （3）一裁终局的特殊情况——对单位片面终局 ①追索小额报酬：追索劳动报酬、工伤医疗费、经济补偿金或者赔偿金，不超过当地最低工资标准12个月金额的争议 ②因执行国家的劳动标准在工作时间、休息休假、社会保险等方面发生的争议
4. 诉讼	仲裁是诉讼的前置程序

第二章 社会保险法

一、概述

1. 国家建立基本养老保险、基本医疗保险、工伤保险、失业保险、生育保险等社会保险制度。

2. 缴纳主体

（1）养老、医疗、失业保险：单位和职工共同缴纳。

（2）工伤、生育保险，仅单位缴纳，个人不缴纳。

3. 养老保险逐步实现全国统筹，其他保险逐步实现省级统筹。

除基本医疗保险基金与生育保险基金合并建账及核算外，其他各项社会保险基金按照社会保险险种分别建账，分账核算。社会保险基金执行国家统一的会计制度。

二、基本养老保险

1. 缴纳主体	职工应当参加基本养老保险，由用人单位和职工共同缴纳基本养老保险费
2. 基金构成	（1）基本养老保险实行社会统筹与个人账户相结合 （2）基本养老保险基金由用人单位和个人缴费以及政府补贴等组成 （3）统筹基金和个人账户 ①用人单位应当按照国家规定的本单位职工工资总额的比例缴纳基本养老保险费，记入基本养老保险统筹基金 ②职工应当按照国家规定的本人工资的比例缴纳基本养老保险费，记入个人账户 A. 个人账户不得提前支取，记账利率不得低于银行定期存款利率，免征利息税 B. 个人死亡的，个人账户余额可以继承
3. 领取条件	（1）参加基本养老保险的个人，达到法定退休年龄时累计缴费满 15 年的，按月领取基本养老金 （2）参加基本养老保险的个人，达到法定退休年龄时累计缴费不足 15 年的 ①可以缴费至满 15 年，按月领取基本养老金 ②也可以转入新型农村社会养老保险或者城镇居民社会养老保险，按照国务院规定享受相应的养老保险待遇

三、基本医疗保险

1. 缴纳主体	职工应当参加职工基本医疗保险，由用人单位和职工按照国家规定共同缴纳基本医疗保险费

续表

2. 退休后医保待遇	（1）参加职工基本医疗保险的个人，达到法定退休年龄时累计缴费达到国家规定年限的，退休后不再缴纳基本医疗保险费，按照国家规定享受基本医疗保险待遇 （2）未达到国家规定年限的，可以缴费至国家规定年限
3. 医保范围	（1）符合基本医疗保险药品目录、诊疗项目、医疗服务设施标准以及急诊、抢救的医疗费用，按照国家规定从基本医疗保险基金中支付 （2）下列医疗费用不纳入基本医疗保险基金支付范围 ①应当从工伤保险基金中支付的 ②应当由第三人负担的 ③应当由公共卫生负担的 ④在境外就医的 医疗费用依法应当由第三人负担，第三人不支付或者无法确定第三人的，由基本医疗保险基金先行支付。基本医疗保险基金先行支付后，有权向第三人追偿

四、工伤保险

1. 职工应当参加工伤保险，由用人单位缴纳工伤保险费，职工不缴纳工伤保险费。

2. 职工因工作原因受到事故伤害或者患职业病，且经工伤认定的，享受工伤保险待遇；其中，经劳动能力鉴定丧失劳动能力的，享受伤残待遇。

（1）应当认定工伤的情形	①在工作时间和工作场所内，因工作原因受到事故伤害的 ②工作时间前后在工作场所内，从事与工作有关的预备性或收尾性工作受到事故伤害的 ③在工作时间和工作场所内，因履行工作职责受到暴力等意外伤害的 ④患职业病的 ⑤因工外出期间，由于工作原因受到伤害或者发生事故下落不明的 ⑥在上下班途中，受到非本人主要责任的交通事故或者城市轨道交通、客运轮渡、火车事故伤害的 ⑦法律、行政法规规定应当认定为工伤的其他情形
（2）视同工伤的情形	①在工作时间和工作岗位，突发疾病死亡或者在48小时内经抢救无效死亡的 ②在抢险救灾等维护国家利益、公共利益活动中受到伤害的 ③原在军队服役，因战、因公负伤致残，已取得革命伤残军人证，到用人单位后旧伤复发的
（3）不认定为工伤的情形	职工因下列情形之一导致本人在工作中伤亡的，不认定为工伤 ①故意犯罪 ②醉酒或者吸毒 ③自残或者自杀

3. 工伤保险待遇

工伤保险基金支付	用人单位支付
（1）治疗工伤的医疗费用和康复费用	（1）治疗工伤期间的工资福利
（2）住院伙食补助费	
（3）到统筹地区以外就医的交通食宿费	
（4）安装配置伤残辅助器具所需费用	
（5）生活不能自理的，经劳动能力鉴定委员会确认的生活护理费	
（6）一次性伤残补助金和一至四级伤残职工按月领取的伤残津贴	（2）五级、六级伤残职工按月领取的伤残津贴
（7）终止或者解除劳动合同时，应当享受的一次性医疗补助金	（3）终止或者解除劳动合同时，应当享受的一次性伤残就业补助金
（8）因工死亡的，其遗属领取的丧葬补助金、供养亲属抚恤金和因工死亡补助金	—
（9）劳动能力鉴定费	—

4. 单位未缴纳工伤保险的情形

职工所在用人单位未依法缴纳工伤保险费，发生工伤事故的：

（1）	由用人单位支付工伤保险待遇
（2）	用人单位不支付的，从工伤保险基金中先行支付
（3）	从工伤保险基金中先行支付的工伤保险待遇应当由用人单位偿还。用人单位不偿还的，社会保险经办机构按照社会保险法规定进行追偿

五、失业保险

1. 职工应当参加失业保险，由用人单位和职工按照国家规定共同缴纳失业保险费。

2. 失业人员符合下列条件的，从失业保险基金中领取失业保险金：

（1）失业前用人单位和本人已经缴纳失业保险费满1年的；

（2）非因本人意愿中断就业的；

（3）已经进行失业登记，并有求职要求的。

六、生育保险

1. 职工应当参加生育保险，由用人单位按照国家规定缴纳生育保险费，职工不缴纳生育保险费。

2. 用人单位已经缴纳生育保险费的，其职工享受生育保险待遇；职工未就业配偶按照国家规定享受生育医疗费用待遇，所需资金从生育保险基金中支付。

生育保险待遇包括生育医疗费用和生育津贴。

3. 生育医疗费用包括下列各项：
（1）生育的医疗费用；
（2）计划生育的医疗费用；
（3）法律、法规规定的其他项目费用。
4. 职工有下列情形之一的，可以按照国家规定享受生育津贴：
（1）女职工生育享受产假；
（2）享受计划生育手术休假；
（3）法律、法规规定的其他情形。
生育津贴按照职工所在用人单位上年度职工月平均工资计发。

第三章 军人保险法

一、保障对象

保障对象为特定人员，按不同险种包括现役军人、退役军人和随军未就业的军人配偶。

二、军人保险的险种

1. 军人伤亡保险	国家承担，个人不缴纳
2. 退役后的工伤待遇	已经评定残疾等级的因战、因公致残的军人退出现役参加工作后旧伤复发的，依法享受相应的工伤待遇
3. 退役养老保险	（1）服役期间不建立基本养老保险账户；退役参加基本养老保险的，国家给予退役养老保险补助 （2）缴费年限合并计算：军人服役年限 + 入伍前 + 退役后参加基本养老保险的缴费年限
4. 退役医疗保险	（1）军官、文职干部和士官缴纳军人退役医疗保险费，国家给予同等数额补助 （2）义务兵和供给制学员不缴纳军人退役医疗保险费，国家给予补助
5. 随军未就业的军人配偶保险	（1）类别：养老保险和医疗保险 （2）双缴费：个人缴纳，国家给予相应的补助 （3）随军未就业的军人配偶拒不接受当地政府就业安置的，停止给予保险缴费补助

三、军人保险基金

1. 军人保险基金由个人缴费、中央财政负担的军人保险资金以及利息收入等资金构成。
2. 军人和随军未就业的军人配偶缴纳的保险费，由军人所在单位代扣代缴。

环境资源法

环境资源法
- 环境保护法
- 环境影响评价法
- 森林法
- 矿产资源法

第一章 环境保护法

一、环境保护法基本制度

（一）环境质量标准

1. 国家标准	国务院环境保护主管部门制定国家环境质量标准
2. 地方标准	(1) 省、自治区、直辖市人民政府对国家环境质量标准中未作规定的项目，可以制定地方环境质量标准 (2) 对国家环境质量标准中已作规定的项目，可以制定严于国家环境质量标准的地方环境质量标准 (3) 地方环境质量标准应当报国务院环境保护主管部门备案

（二）污染物排放标准

1. 国家标准	国务院环境保护主管部门根据国家环境质量标准和国家经济、技术条件，制定国家污染物排放标准

续表

2. 地方标准	(1) 省、自治区、直辖市人民政府对国家污染物排放标准中未作规定的项目，可以制定地方污染物排放标准 (2) 对国家污染物排放标准中已作规定的项目，可以制定严于国家污染物排放标准的地方污染物排放标准 (3) 地方污染物排放标准应当报国务院环境保护主管部门备案

（三）环境影响评价制度★★★

1. 基本要求	(1) 编制有关开发利用规划 (2) 建设对环境有影响的项目 应当依法进行环境影响评价
2. 后果	(1) 未依法进行环境影响评价的开发利用规划，不得组织实施 (2) 未依法进行环境影响评价的建设项目，不得开工建设 (3) 建设单位未依法提交环境影响评价文件或环境影响评价文件未经批准，擅自开工建设的，由负有环境保护监督管理职责的部门责令停止建设，处以罚款，并可以责令恢复原状

3. 国家根据建设项目对环境的影响程度，对建设项目的环境影响评价实行分类管理

—	对环境影响程度	编制文件	环境影响评价范围
(1)	重大环境影响	环境影响报告书	全面评价
(2)	轻度环境影响	环境影响报告表	分析或专项评价
(3)	影响很小，无须环评	填报环境影响登记表	—

4. 规划环评、建设项目环评的关系

(1) 建设项目的环境影响评价，应当避免与规划的环境影响评价相重复。

(2) 作为一项整体建设项目的规划，按照建设项目进行环境影响评价，不进行规划的环境影响评价。

(3) 已经进行了环境影响评价的规划包含具体建设项目的，规划的环境影响评价结论应当作为建设项目环境影响评价的重要依据，建设项目环境影响评价的内容应当根据规划的环境影响评价审查意见予以简化。

大项目小规划	大规划小项目
①建设项目要进行环评 ②对规划不用环评	①规划要进行环评 ②建设项目要环评，应当简化

5. 环境影响评价文件的编制

（1）委托技术单位	①建设单位可以委托技术单位对其建设项目开展环境影响评价，编制建设项目环境影响报告书、环境影响报告表 ②接受委托为建设单位编制建设项目环境影响评价文件的技术单位，不得与负责审批建设项目环境影响评价文件的生态环境主管部门或者其他有关审批部门存在任何利益关系
（2）自行环评	建设单位具备环境影响评价技术能力的，可以自行对其建设项目开展环境影响评价，编制建设项目环境影响报告书、环境影响报告表
（3）相关责任	①建设单位应当对建设项目环境影响报告书、环境影响报告表的内容和结论负责 ②接受委托编制建设项目环境影响报告书、环境影响报告表的技术单位对其编制的建设项目环境影响报告书、环境影响报告表承担相应责任

6. 重新报批/审核环评文件

（1）重新报批	建设项目的环境影响评价文件经批准后，建设项目的性质、规模、地点、采用的生产工艺或者防治污染、防止生态破坏的措施发生重大变动的，建设单位应当重新报批建设项目的环境影响评价文件
（2）重新审核	①建设项目的环境影响评价文件自批准之日起超过5年，才决定该项目开工建设的，其环境影响评价文件应当报原审批部门重新审核 ②原审批部门应当自收到建设项目环境影响评价文件之日起10日内，将审核意见书面通知建设单位

7. 后评价制度

（1）主动后评价	在项目建设、运行过程中**产生不符合经审批的环境影响评价文件的情形**的，建设单位应当组织环境影响的后评价，采取改进措施，并报原环境影响评价文件审批部门和建设项目审批部门备案
（2）责成后评价	原环境影响评价文件审批部门也可以责成建设单位进行环境影响的后评价，采取改进措施

（四）三同时制度

1. 含义	（1）建设项目中防止污染的设施应当与主体工程同时设计、同时施工、同时投产使用 （2）该制度是我国首创
2. 具体措施	（1）建设项目的主体工程完工后，需要进行试生产，其配套环保设施必须与主体工程同时投入试运行 （2）建设项目竣工后，建设单位对环保设施进行验收 （3）环保设施经验收合格，建设项目方可投入生产或使用 （4）投入使用的环保设施，不得擅自拆除或闲置

（五）生态红线制度

国家在重点生态功能区、生态环境敏感区和脆弱区等区域划定生态保护红线，实行严格保护。

二、环境保护行政责任

类别	内容
1. 违法排放	（1）予以罚款并责令改正 （2）按日连续处罚 ①企业、事业单位和其他生产经营者违法排放污染物，受到罚款处罚，被责令改正，拒不改正的 ②依法作出处罚决定的行政机关可以自责令改正之日的次日起，按照原处罚数额按日连续处罚
2. 超标排放	（1）县级以上生态环境主管部门可以责令其采取限制生产、停产整治等措施 （2）情节严重的，报经有批准权的政府批准，责令停业、关闭
3. 擅自开工建设	建设单位未提交建设项目环境影响评价文件/环境影响评价文件未经批准，擅自开工建设的 由负有环境保护监督管理职责的部门责令停止建设，处以罚款，并可以责令恢复原状
4. 直接责任人员	企业事业单位和其他生产经营者有下列行为之一，尚不构成犯罪的，除依照有关法律法规规定予以处罚外，由县级以上人民政府环境保护主管部门或者其他有关部门将案件移送公安机关，对其直接负责的主管人员和其他直接责任人员，处 10 日以上 15 日以下拘留；情节较轻的，处 5 日以上 10 日以下拘留 （1）建设项目未依法进行环境影响评价，被责令停止建设，拒不执行的 （2）违反法律规定，未取得排污许可证排放污染物，被责令停止排污，拒不执行的 （3）生产、使用国家明令禁止生产、使用的农药，被责令改正，拒不改正的 （4）通过暗管、渗井、渗坑、灌注或者篡改、伪造监测数据，或者不正常运行防治污染设施等逃避监管的方式违法排放污染物的

三、公益诉讼制度

1. 适用范围	对污染环境、破坏生态，损害社会公共利益的行为
2. 原告资格	（1）在设区的市级以上人民政府民政部门登记，且 （2）专门从事环境保护公益活动连续 5 年以上且无违法记录的社会组织
3. 禁止行为	提起诉讼的社会组织不得通过诉讼牟取经济利益

第二章 森林法

一、经营管理

（一）公益林与商品林

公益林	国家根据生态保护的需要，将森林生态区位重要或者生态状况脆弱，以发挥生态效益为主要目的的林地和林地上的森林划定为公益林
商品林	未划定为公益林的林地和林地上的森林属于商品林

（二）公益林

1. 划定主体	公益林由国务院和省、自治区、直辖市人民政府划定并公布
2. 范围	下列区域的林地和林地上的森林，应当划定为公益林： （1）重要江河源头汇水区域 （2）重要江河干流及支流两岸、饮用水水源地保护区 （3）重要湿地和重要水库周围 （4）森林和陆生野生动物类型的自然保护区 （5）荒漠化和水土流失严重地区的防风固沙林基干林带 （6）沿海防护林基干林带 （7）未开发利用的原始林地区 （8）需要划定的其他区域
3. 合理补偿	公益林划定涉及非国有林地的，应当与权利人签订书面协议，并给予合理补偿
4. 调整	公益林进行调整的，应当经原划定机关同意，并予以公布
5. 严格保护	（1）县级以上人民政府林业主管部门应当有计划地组织公益林经营者对公益林中生态功能低下的疏林、残次林等低质低效林，采取林分改造、森林抚育等措施，提高公益林的质量和生态保护功能 （2）在符合公益林生态区位保护要求和不影响公益林生态功能的前提下，经科学论证，可以合理利用公益林林地资源和森林景观资源，适度开展林下经济、森林旅游等

（三）商品林

1. 范围	国家鼓励发展下列商品林： （1）以生产木材为主要目的的森林 （2）以生产果品、油料、饮料、调料、工业原料和药材等林产品为主要目的的森林 （3）以生产燃料和其他生物质能源为主要目的的森林 （4）其他以发挥经济效益为主要目的的森林 在保障生态安全的前提下，国家鼓励建设速生丰产、珍贵树种和大径级用材林，增加林木储备，保障木材供给安全
2. 经营	商品林由林业经营者依法自主经营。在不破坏生态的前提下，可以采取集约化经营措施，合理利用森林、林木、林地，提高商品林经济效益

二、林木采伐制度

1. 采伐限额制度

国家严格控制森林年采伐量。

省级政府林业主管部门根据消耗量低于生长量和森林分类经营管理的原则，编制本行政区域的年采伐限额，经征求国务院林业主管部门意见，报本级人民政府批准后公布实施，并报国务院备案。

重点林区的年采伐限额，由国务院林业主管部门编制，报国务院批准后公布实施。

2. 林木采伐规则

（1）公益林	只能进行抚育、更新和低质低效林改造性质的采伐 但是，因科研或者实验、防治林业有害生物、建设护林防火设施、营造生物防火隔离带、遭受自然灾害等需要采伐的除外
（2）商品林	应当根据不同情况，采取不同采伐方式，严格控制皆伐面积，伐育同步规划实施
（3）自然保护区的林木	禁止采伐 但是，因防治林业有害生物、森林防火、维护主要保护对象生存环境、遭受自然灾害等特殊情况必须采伐的和实验区的竹林除外

3. 采伐许可证制度

（1）采伐许可证制度

①	采伐林地上的林木应当申请采伐许可证，并按照采伐许可证的规定进行采伐；采伐自然保护区以外的竹林，不需要申请采伐许可证
②	农村居民采伐自留地和房前屋后个人所有的零星林木，不需要申请采伐许可证
③	非林地上的农田防护林、防风固沙林、护路林、护岸护堤林和城镇林木等的更新采伐，由有关主管部门按照有关规定管理
④	采挖移植林木按照采伐林木管理。具体办法由国务院林业主管部门制定

（2）不得核发采伐许可证的情形

①	采伐封山育林期、封山育林区内的林木
②	上年度采伐后未按照规定完成更新造林任务
③	上年度发生重大滥伐案件、森林火灾或者林业有害生物灾害，未采取预防和改进措施
④	法律法规和国务院林业主管部门规定的禁止采伐的其他情形

第三章 矿产资源法

一、矿产资源权属制度

（一）国家所有权

在我国领域及管辖海域的矿产资源属于国家所有，由国务院行使国家对矿产资源的所有权。地表或者地下的矿产资源的国家所有权，不因其所依附的土地的所有权或者使用权的不同而改变。

（二）矿业权

1. 概念（探矿权 + 采矿权）

（1）探矿权	①在依法取得的勘查许可证规定的范围内，勘查矿产资源的权利 ②取得勘查许可证的单位或者个人称为探矿权人
（2）采矿权	①在依法取得的采矿许可证规定的范围内，开采矿产资源和获得所开采的矿产品的权利 ②取得采矿许可证的单位或者个人称为采矿权人

2. 矿业权的取得

（1）登记	勘查、开采矿产资源，必须依法分别申请、经批准取得探矿权、采矿权，并办理登记
（2）例外	已经依法申请取得采矿权的矿山企业在划定的矿区范围内为本企业的生产而进行的勘查除外
（3）税费	开采矿产资源，缴纳资源税和资源补偿费

3. 矿业权的转让

（1）转让条件	探矿权人在完成规定的最低勘查投入后，经依法批准，可以将探矿权转让他人
（2）禁止行为	禁止将探矿权、采矿权倒卖牟利

二、矿产资源勘查开发管理

（一）开采审批管理

1. 中央政府审批的情形★	国务院地质矿产主管部门审批，并颁发采矿许可证： （1）国家规划矿区和对国民经济具有重要价值的矿区内的矿产资源 （2）前项规定区域以外可供开采的矿产储量规模在大型以上的矿产资源 （3）国家规定实行保护性开采的特定矿种 （4）领海及中国管辖的其他海域的矿产资源 （5）国务院规定的其他矿产资源 开采石油、天然气、放射性矿产等特定矿种的，可以由国务院授权的有关主管部门审批，并颁发采矿许可证
2. 省级政府审批	（1）开采以上规定以外的矿产资源，其可供开采的矿产的储量规模为中型的，由省级人民政府地质矿产主管部门审批和颁发采矿许可证 （2）开采小型和非特定的矿产资源，由省级人民政府地质矿产主管部门依据同级人民代表大会常务委员会制定的管理办法审批发证 其他：省级人民政府审批和颁发的采矿许可证应当汇总向国务院地质矿产主管部门备案

（二）禁止开矿的地区

非经国务院授权的有关主管部门同意，不得在下列地区开采矿产资源：	
1	港口、机场、国防工程设施圈定地区以内
2	重要工业区、大型水利工程设施、城镇市政工程设施附近一定距离以内
3	铁路、重要公路两侧一定距离以内
4	重要河流、堤坝两侧一定距离以内
5	国家划定的自然保护区、重要风景区，国家重点保护的不能移动的历史文物和名胜古迹所在地
6	国家规定不得开采矿产资源的其他地区

（三）个体采矿

1. 个人可开采的范围	（1）采挖零星分散资源 （2）只能用作普通建筑材料的砂、石、粘土 （3）为生活自用采挖少量矿产
2. 禁止个人开采的范围	（1）矿产储量规模适宜由矿山企业开采的矿产资源 （2）国家规定实行保护性开采的特定矿种 （3）国家规定禁止个人开采的其他矿产资源